安徽旅游开发与管理

李经龙 著

南开大学出版社
天 津

图书在版编目(CIP)数据

安徽旅游开发与管理 / 李经龙著. —天津：南开大学出版社，2013.9

ISBN 978-7-310-04262-3

Ⅰ. ①安… Ⅱ. ①李… Ⅲ. ①旅游资源开发—研究—安徽省②旅游资源—资源管理—研究—安徽省

Ⅳ. ①F592.754

中国版本图书馆 CIP 数据核字(2013)第 175598 号

南开大学出版社出版发行

出版人:孙克强

地址:天津市南开区卫津路 94 号　　邮政编码:300071

营销部电话:(022)23508339　23500755

营销部传真:(022)23508542　　邮购部电话:(022)23502200

*

唐山天意印刷有限责任公司印刷

全国各地新华书店经销

*

2013 年 9 月第 1 版　　2013 年 9 月第 1 次印刷

210×148 毫米　32 开本　7.125 印张　202 千字

定价:20.00 元

如遇图书印装质量问题,请与本社营销部联系调换,电话:(022)23507125

序

安徽省地理位置优越，为中国南北文化交汇之地、东西经济交流之区。安徽省地形地貌丰富多彩，南北有长江、淮河横穿全境，奔腾入海；东西有黄山、九华山、大别山耸天立地，雄镇八方；中有我国五大淡水湖之一的巢湖，烟波浩渺，气象万千。故而安徽省多名山大川、湖泊温泉、峡谷溶洞、珍稀动植物，又人文荟萃，名家辈出，名胜古迹星罗棋布，允称我国旅游资源最丰富的省份。

安徽已经初步实现了从旅游资源大省到旅游经济大省的跨越。2012 年安徽省接待入境游客 331.46 万人次，同比增长 26.1%，增幅位居全国第一；旅游外汇收入 15.63 亿美元，同比增长 32.52%，增幅位居全国第一；接待国内游客 2.92 亿人次，同比增长 30.21%，增幅位居全国第三；国内旅游收入 2519.08 亿元，同比增长 38.79%，增幅位居全国第二；旅游总收入 2617.79 亿元，同比增长 38.55%，增幅位居全国第二。目前，安徽正朝着旅游产业大省的目标挺进。

如何实现从旅游经济大省到旅游产业强省的二次飞跃？这是当前摆在安徽旅游人面前的战略性难题。《安徽旅游开发与管理》就凝聚着作者多年来对这个难题的思考，正好为旅游界的管理者提供了决策依据，为研究者提供了探索思路，为旅游者提供了体验资料，其问世堪称恰逢其时，弥为可贵。

我于经龙，是先知其文，后识其人。2005 年前后，《中国品牌旅游资源空间对比分析》、《中国品牌旅游资源空间布局研究》、《试论中国品牌旅游资源的发展》三篇学术论文以其独特视角、严谨文风、精审统计，给我留下很深刻的印象；2007 年，经龙投简安徽大学，我方初识作者，乃大力推荐，促其成为安徽大学旅游管理系引进的第一位博士。今经龙嘱我为序，我先睹为快，欣然命笔。

《安徽旅游开发与管理》视野开阔，研究深入，论述精辟，数据翔实，饶多创见新意，颇富特色，以下四点尤为突出。

特色之一是体系完整，结构严谨。作者运用管理学、经济学、地理学、社会学等理论与方法，对安徽旅游业进行了全方位的扫描与剖析，全书以安徽旅游发展的回顾开篇，以安徽旅游业各构成部分的现状与发展对策为主干，以安徽旅游发展的展望收束，前后呼应，逻辑分明，水到渠成，体系完整。此书对安徽的旅游资源、旅游市场、旅游产品、旅游商品、旅游产业、旅游教育、旅游管理等各个环节都进行了多角度的考察与分析，内容丰富，脉络清晰，结构严谨。

特色之二是高瞻远瞩，宏观感强。作者立足安徽，放眼国内外，对于安徽旅游业的现存问题看得真，讲得透，大局把握度甚高。如第九章指出安徽旅游发展面临的压力与挑战是：城市旅游功能不够完善，旅游的国际化水平较低，旅游客源类型结构单一，旅游发展动力亟待转型，文化旅游融合有待加强，旅游企业的竞争力不强，旅游人才队伍建设乏力，外部竞争将进一步加剧，产业转型升级压力巨大，旅游发展的矛盾突出。

特色之三是资料翔实，论断合理。作者广泛收集各种统计资料，加以考证、分析与研究，所得的结论都有根有据，颇具说服力，如第三章以国内旅游各项统计数据为分析基础，研究安徽省国内旅游目的地市场竞争格局，论定在国内旅游目的地市场体系中，合肥、黄山、安庆、池州、芜湖为典型的“明星市场”，蚌埠为相对成熟的“金牛市场”，马鞍山、宣城、滁州、亳州为“幼童市场”，六安、淮南、巢湖、阜阳、宿州、铜陵、淮北为“瘦狗市场”。

特色之四是实事求是，谋划对策。作者敢于直面事实，针砭流弊，又善于谋划，对策得当。如第六章，面对安徽旅行社“疯长”的现实，指出“安徽旅行社行业在平均营业收入、利润额、利润率等经营指标方面，与全国行业均有较大程度的差距，反映出全省旅行社数量过多，规模小，规模经济不明显，经营质量不高。安徽省旅行社行业在今后发展中应该在扩大单体旅行社规模、提升旅行社经营效益、增强旅行社资金实力等方面加大力度，逐渐缩小与全国旅行社行业平均水平的差距，提升行业整体竞争力”。

章尚正
2013年7月15日

目　录

第一章　安徽旅游发展的回顾

经过三十多年的发展，安徽旅游业取得了令人瞩目的成就。如今，安徽旅游产业形象日渐鲜明，产业地位日益提高，产业规模不断扩大，逐渐培育成安徽国民经济的战略性支柱产业和人民群众更加满意的现代服务业，在扩大对内、对外开放，促进产业结构调整，建设社会主义新农村和全面建设小康社会中扮演着越来越重要的角色。

第一节　安徽旅游发展取得的成就

近年来，在安徽省委、省政府的正确领导和国家旅游局的关心支持下，安徽省旅游业围绕建设旅游大省并向旅游强省推进的战略目标，以精品景区为支撑，以市场开拓和产品开发为两翼，以项目建设为抓手，以环境打造为基础，积极应对错综复杂的宏观经济环境以及突发事件对旅游业造成的严重冲击，取得了令人欣喜的发展成果。

一、支柱产业地位基本确立

经过近几年的发展，从发展指标上看，旅游业的综合贡献度持续提高，作为安徽省国民经济支柱产业的地位基本确立，安徽省旅游业已经进入到冲刺全国前10位的关键时期。

对国民经济的贡献度持续提高。2012年，全省接待入境游客331.46万人次，同比增长26.1%；旅游外汇收入15.63亿美元，同比增长32.52%；接待国内游客2.92亿人次，同比增长30.21%；国内旅游收入2519.08亿元，同比增长38.79%；旅游总收入达到2617.79亿元，同比增长38.55%；旅游总收入相当于全省GDP的比重达到15.21%，远高于 8%的支柱产业衡量标准。

对全国旅游业的贡献度持续提高。2011 年安徽省入境游客接待数量、旅游外汇收入、国内游客接待量、国内旅游收入和旅游总收入分别跃至全国第 12 位、第 12 位、第 10 位、第 11 位和第 11 位。

对相关产业的贡献度持续提高。乡村旅游提高了农民收入，促进了农业增效。旅游与文化产业进一步交融，一大批博物馆、文物古迹成为旅游区（点），黄梅戏、花鼓灯等文艺形式成为旅游演艺品种。“森林旅游人家”和生态旅游的发展，推动了对自然资源的保护和多功能利用。地质公园、水利风景区、工业旅游、科教动漫、商务会展等旅游新产品的开发，支持了国土、水利、工业、科教、商业等领域的多元化发展，带动了交通、民航、餐饮等行业的发展。

二、旅游发展环境继续优化

近年来，各级党委和政府不断加大对旅游业的统筹指导和综合协调力度，分管领导和直管领导充分发挥主观能动性，以各级旅游工作指导委员会为平台，形成了政府宏观调控、行业自律管理、企业主体突出、社会力量参与的发展机制，旅游发展的公共投入逐年增加，旅游与文化、体育、商务、农业、工业、科技等相关产业的融合度持续提高。

政府统筹力度不断增强。省委、省政府先后在黄山、池州、合肥等地多次召开全省性旅游调研会、旅游工作研究会和旅游发展大会，提出旅游发展的战略目标任务。2007 年 8 月 6 日，制定出台《中共安徽省委安徽省人民政府关于推进旅游产业大省建设的意见》（皖政〔2007〕17 号），强力推进旅游产业化进程。2011 年 4 月 2 日，出台了《安徽省人民政府关于进一步加快发展旅游业的实施意见》（皖政〔2011〕33 号），旨在贯彻落实《国务院关于加快发展旅游业的意见》（国发〔2009〕41 号）精神，进一步加快推进安徽省由旅游资源大省向旅游经济强省跨越。

综合协调机制进一步强化。省政府将旅游业发展纳入了“861”行动计划和目标管理考核体系。省旅指委成员单位以支持旅游发展为己任，密切协作，兴旅促旅。全省 17 个市全部成立了旅游工作指导委员会或旅游工作领导小组，12 个市 41 个县区出台了旅游产业政策，2 个市把旅游业列为主导产业，6 个市列为支柱产业，7 个市列为重要产业来培育，形成了上下联动、各界参与的繁荣局面。

部门合作取得显著成效。安徽省在全国率先与国家旅游局签订了省部合作协议，国家旅游局决定支持皖南国际旅游文化示范区建设和设立泛巢湖国家旅游度假区。省旅游局与省直 10 多个部门签订了合作协议，推动旅游业与第一、第二和第三产业的融合，实现互促互动、多赢发展，全省形成了旅促百业、百业扶旅的繁荣局面。

三、旅游产业体系不断完善

近年来，以满足日益增长的旅游需求为任务，以项目建设、品牌创建和招商引资为核心，构建了一批支撑性的旅游景区、经营企业、新型业态和旅游基础设施，保障了旅游产品供给，产业规模显著扩张，实质性地提高了安徽省旅游业的吸引力和竞争力。

项目建设有效提高产能。推动省内旅游板块之间、景区之间、线路之间、主体之间的合作，集中力量打造具有全省或区域牵动力的重点品牌、重点项目和精品线路，实现了优势资源优先突破。各级政府不断加大旅游资金引导投入，通过政府引导和市场运作相结合，建立健全旅游项目库，强化政策扶持和跟踪服务，大力开展旅游招商引资，促进一批大项目、好项目落地生根，加快资源向产品转化，推动旅游产业结构调整和优化升级，催生了一批新业态，形成了一批新亮点。

旅游要素体系初具规模。观光旅游、休闲旅游、度假旅游、商务旅游、自驾车旅游、乡村旅游、红色旅游、修学旅游等旅游产品的市场影响力越来越大。“行、游、住、食、购、娱”等旅游服务体系基本健全，形成了以黄山、九华山、天柱山、方特欢乐世界等为代表的旅游景区群，以中国优秀旅游城市和旅游强县为代表的旅游目的地群，以黄山旅游集团、安徽省旅游集团、九华山旅游集团、天柱山旅游集团和古井酒店集团等为代表的旅游企业群。

截至 2010 年，安徽省共有中国优秀旅游城市 10 个、省级旅游强县 35 个，其中黟县进入全国首批旅游强县；旅游景区（点）达到 500

余家，其中，A 级旅游景区达到 366 家，4A 以上景区达到 85 家，A 级景区总数居中部第 1 位、全国第 3 位；星级饭店总数达到 453 家，其中五星 14 家、四星 88 家，四星级旅游饭店覆盖到了所有市；旅行社发展到 947 家，其中出境组团社 20 家；全国工（农）业旅游示范点 67 家；旅游商品生产企业达到 400 多家；旅游车船公司 20 多家；旅游集团公司 8 家；全省最佳旅游乡镇、优秀旅游乡镇和旅游乡镇 279 家；星级农家乐 282 个。

旅游基础设施显著改善。目前，全省铁路里程近 3000 公里，居华东之首；高速公路近 3000 公里，居中部第 2 位；皖江黄金水道能满足五星级豪华游轮全天候停靠；合肥、黄山两大机场已经开通了至包括日本、韩国等在内的境内外航线 40 多条。而且，目前合肥已开通了至南京、上海、武汉、北京、青岛的动车，形成了 1 小时到南京、2 小时到武汉、3 小时到上海、4 小时到北京、5 小时到青岛的旅游快捷通道。

四、市场开发与对外合作成效显著

近年来，安徽省坚持把旅游市场营销摆在重中之重的位置，不断加大宣传促销力度，旅游客源市场不断拓展，入境旅游市场已覆盖到 100 多个国家和地区。2010 年，外国游客在入境游客中的比重达到 59.2%，外国游客接待人次在入境游客中的比重达到 62.4%，外国游客的人均旅游消费达到 698.5 美元。

旅游市场影响力不断提高。通过举办安徽旅游节、徽商大会旅游展、黄山国际旅游节、中博会旅游商品博览会、纪念邓小平同志“黄山谈话”三十周年系列活动、世博会安徽旅游推介和“环球论坛”等一系列重大活动，安徽旅游形象日渐鲜明，知名度、美誉度显著提升。通过全省星级饭店技能大赛、导游大赛等重大赛事，到北京、上海、天津、厦门等地举办大型旅游招商、展览和推介活动，增强了旅游系统的凝聚力，扩大了安徽旅游的影响力。

对内对外互促互进格局已经形成。安徽省与世界旅游组织、建交国家的旅游友好往来频繁，合作领域逐步扩大。与世界旅游组织签署了《关于发展安徽旅游业的合作备忘录》；与法国合作，在黄山开展了中法乡村旅游合作项目；黄山风景区与瑞士少女峰、美国约塞米蒂国家公园分别结为友好山和友好公园；黄山市太平湖与日本洞爷湖结为友好湖；太平湖、天柱山与中国台湾的日月潭、阿里山分别结为友好景区。

区域旅游合作成效明显。安徽省与江浙沪三省市旅游部门建立了“3+1”省际旅游合作框架，黄山、池州、宣城、滁州、芜湖等市先后加入了长三角旅游城市联盟；与中部五省建立了旅游协作年会制度，并通过中博会推进旅游互通互融；与湖北武汉等长江沿线城市建立合作关系，合力打造长江黄金水道旅游①；鄂豫皖、鲁苏皖、闽赣皖联手打造红色旅游精品线路和品牌。

第二节 安徽旅游发展存在的问题

安徽省旅游业在发展过程中取得了辉煌的成就，但是也暴露出一些问题。

一、思想认识仍需提升

旅游业是国民经济战略性支柱产业和人民群众更加满意的现代服务业，对消费、投资和出口均具有不可替代的拉动作用。但少数地方尚未真正将旅游业作为经济建设和社会发展的重要工作来抓，尚未把旅游业作为提高人民生活品质的民生产业来推动，尚未按照资本密集、知识密集和技术密集的模式来发展。

二、产业结构不够优化

虽然旅游新业态、新产品、新亮点时有涌现，但总体来说，观光旅游仍占绝对地位，休闲度假和专项旅游的供给不足；在国内客源市场结构中，长三角市场一枝独大；与经营性服务体系相比，旅游公共服务体系供给不足；在旅游消费中，最具弹性和增长空间的旅游购物

① 安徽省旅游局. 安徽省旅游业发展“十二五”规划[R]，2011.

和娱乐支出所占比重偏低；与其他产业相比，旅游业在规划、营销、管理等方面的高级人才十分短缺。

三、市场主体尚不强壮

旅游公共投资不足，旅游企业融资不畅，旅游产业的资本集中度较低，有支撑力、带动力、竞争力的大型旅游集团为数不多，投资多、规模大、效益好的旅游项目较少，导致很多旅游资源开发不够，产品和要素建设水平落后，旅游产业发展方式比较粗放。

四、区域发展仍不协调

无论是旅游经济指标，还是旅游要素的数量、质量水平，皖中和皖北地区都明显低于皖南地区，多年存在的“南热、中温、北冷”的格局尚未得到根本改变。即使在旅游发展相对领先的皖南，“两山一湖”也尚未真正一体化，与长三角地区相比，还存在明显的差距。

五、管理体制亟待理顺

海南、北京、重庆等省区市已经或正在形成更加符合现代服务业要求、更有利于发挥旅游业功能的“大旅游”管理体制。与旅游发达省份相比，安徽省旅游发展的统筹手段不足，旅游资源的整合力度不够，仍属于典型的“小旅游”管理体制。行政权力的交叉分割也影响到市场在资源配置中基础性作用的发挥。

要清醒地看到，安徽省旅游业发展总体水平与优良的旅游资源禀赋还不相适应，旅游产品供给与人民群众多样化的需求还不相适应，旅游服务水平与旅游业快速发展的要求还不相适应，旅游管理体制机制与现代旅游业发展要求还不相适应。

第二章　安徽的品牌旅游资源

旅游资源按其科学性和实际运用的需要，有多种分类系统，其中按资源的性质与成因可以分为自然旅游资源和人文旅游资源两大系统，这是目前应用最广，也是最重要的一种分类系统。品牌旅游资源不属于上述分类体系，但是它却贯穿于这两种旅游资源类型之中，是它们中高等级、高质量、高品位的旅游资源。品牌旅游资源代表着国家和地区的旅游形象，是旅游地旅游吸引物的精华所在。对于需求者来说，它是大尺度旅游者的唯一选择，是中小尺度旅游者的首要选择；对于供给者来说，它是把旅游地推向市场、打造旅游目的地品牌的依托与保障[①]。因而说，要想真正认识一个地区的旅游面貌、了解一个地区的旅游内涵，就必须充分把握它的品牌旅游资源。

第一节　世界级品牌旅游资源

世界级的品牌旅游资源一般包括世界遗产、世界地质公园、世界人与生物圈保护区网络和国际重要湿地等类型，但是安徽省目前只拥有前两种资源类型。

一、世界遗产

世界遗产是指被联合国教科文组织和世界遗产委员会确认的、人类罕见而又无法替代的、为全人类公认的具有突出意义和普遍价值的文化和自然财富，它包括亿万年地球史上、人类发展过程中遗留下来

---

① 李经龙. 品牌旅游资源与开发. 安徽大学出版社，2010.

的不可再生的自然奇观、人造工程、人与自然的联合工程以及考古遗址地带等，具有很高的历史、艺术和科研价值。

（一）世界遗产的发展

1972 年 11 月，联合国教科文组织在巴黎召开第 17 届大会，出台了《保护世界文化和自然遗产公约》（简称《世界遗产公约》），目的是要保护那些逐渐遭到破坏和威胁的具有特殊价值的自然和文化区域。根据《世界遗产公约》，1976 年 11 月，设立了世界遗产委员会，每年在不同的国家举行一次世界遗产大会，主要决定当年的入选项目，并对已入选项目的保护工作进行监督指导。1977 年 6 月，在巴黎召开了首届世界遗产大会，就遗产申报的具体事宜进行协商。1978 年 9 月，在华盛顿召开了第 2 届遗产大会，公布了首批 12 项世界遗产。截至 2013 年 6 月 27 日第 37 届世界遗产委员会大会闭幕，《世界遗产名录》收录的全球世界遗产总数已增至 981 项。其中，759 项世界文化遗产（含文化景观遗产）、193 项世界自然遗产、29 项世界文化与自然双遗产。

表 2-1 世界遗产的发展

世界遗产大会	年度	会议日期	会议举办国家	会议举办地点	批准遗产数量
第 1 届	1977	6.27～7.1	法国	巴黎	0
第 2 届	1978	9.5～9.8	美国	华盛顿	12
第 3 届	1979	10.22～10.26	埃及	卢克索	44
第 4 届	1980	9.1～9.5	法国	巴黎	28
第 5 届	1981	10.26～10.30	澳大利亚	悉尼	27
第 6 届	1982	12.13～12.17	法国	巴黎	24
第 7 届	1983	12.5～12.9	意大利	佛罗伦萨	29
第 8 届	1984	10.29～11.2	阿根廷	布宜诺斯艾利斯	21
第 9 届	1985	12.2～12.6	法国	巴黎	30
第 10 届	1986	11.24～11.28	法国	巴黎	29
第 11 届	1987	12.7～12.11	法国	巴黎	41
第 12 届	1988	12.5～12.9	巴西	巴西利亚	27
第 13 届	1989	12.11～12.15	法国	巴黎	7

续表

世界遗产大会	年度	会议日期	会议举办国家	会议举办地点	批准遗产数量
第 14 届	1990	12.7～12.12	加拿大	班夫	16
第 15 届	1991	12.9～12.13	突尼斯	迦太基	22
第 16 届	1992	12.7～12.14	美国	圣菲	20
第 17 届	1993	12.6～12.11	哥伦比亚	卡塔纳赫	33
第 18 届	1994	12.12～12.17	泰国	普吉	29
第 19 届	1995	12.4～12.9	德国	柏林	29
第 20 届	1996	12.2～12.7	墨西哥	梅里达	37
第 21 届	1997	12.1～12.6	意大利	那不勒斯	46
第 22 届	1998	11.30～12.5	日本	京都	30
第 23 届	1999	11.29～12.4	摩洛哥	马拉喀什	48
第 24 届	2000	12.27～12.30	澳大利亚	凯恩斯	61
第 25 届	2001	12.11～12.16	芬兰	赫尔辛基	31
第 26 届	2002	6.24～6.29	匈牙利	布达佩斯	9
第 27 届	2003	6.30～7.6	法国	巴黎	24
第 28 届	2004	6.28～7.7	中国	苏州	34
第 29 届	2005	7.10～7.17	南非	德班	24
第 30 届	2006	7.8～7.16	立陶宛	维尔纽斯	18
第 31 届	2007	6.23～7.03	新西兰	基督城	22
第 32 届	2008	7.2～7.10	加拿大	魁北克	27
第 33 届	2009	6.22～6.30	西班牙	塞维利亚	13
第 34 届	2010	7.25～8.3	巴西	巴西利亚	21
第 35 届	2011	6.19～6.29	法国	巴黎	25
第 36 届	2012	6.24～7.6	俄罗斯	圣彼得堡	26
第 37 届	2013	6.16～6.27	柬埔寨	金边	19

注：联合国教科文组织 2007 年将 1994 年加入的阿曼的阿拉伯大羚羊保护区从《世界遗产名录》中除名，2009 年将 2004 年加入的德国德累斯顿易北河谷从《世界遗产名录》中除名。

截至 2013 年 6 月 27 日，中国被批准列入《世界遗产名录》的世界遗产项目已达 45 项，其中文化遗产 28 项，自然遗产 10 项，文化与自然双遗产 4 项，文化景观遗产 3 项，世界遗产总量位居世界第 2 位，仅次于意大利（48 项）。另外，我国还有 29 项世界人类口述和非物质文化遗产、7 项急需保护的非物质文化遗产、9 项世界记忆遗产和 8 项全球重要农业文化遗产。

表 2-2 我国 45 项世界遗产的分布

省份	个数	省份	个数	省份	个数	省份	个数
北京	6	上海	0	湖北	2	云南	5
天津	0	江苏	2	湖南	2	西藏	1
河北	2	浙江	2	广东	2	陕西	1
山西	2	安徽	2	广西	0	甘肃	1
内蒙古	1	福建	3	海南	0	青海	0
辽宁	2	江西	3	重庆	2	宁夏	0
吉林	1	山东	2	四川	6	新疆	1
黑龙江	0	河南	3	贵州	2	澳门	1

注：明清故宫由北京故宫（1987）和沈阳故宫（2004）组成；明清皇家陵寝由湖北明显陵（2000）、河北清东陵和清西陵（2000）、北京十三陵（2003）、南京明孝陵（2003）和辽宁盛京三陵（2004）组成；南方喀斯特地貌（2007）由贵州荔波、云南石林和重庆武隆联合申报；中国丹霞地貌（2010）由贵州赤水、福建泰宁、湖南崀山、广东丹霞山、江西龙虎山（包含龟峰）、浙江江郎山联合申报。上述 4 项世界遗产涉及地均算 1 项。

（二）安徽的世界遗产

1972 年，《世界遗产公约》确定了文化遗产、自然遗产、文化与自然双遗产三种遗产类型。在此公约实行了 20 年之后，新的遗产类别不断涌现：1993 年产生了世界文化景观遗产，1997 年产生了世界记忆遗产，2001 年产生了人类非物质遗产，2005 年产生了全球重要农业文化遗产。但是对于安徽省来说，只涉及三类遗产项目。

1. 世界文化与自然双遗产——安徽黄山（Mount Huangshan）

黄山位于中国安徽省南部，风景区范围 154 平方公里，外围保护地带 142 平方公里。其自然景观与人文景观俱佳，尤其以奇松、怪石、云海、温泉“四绝”著称于世，有“天下第一山”之美誉。相传中华民族的始祖轩辕黄帝曾在此修炼，后得道升天，故黄山得其名。无数古代文人墨客也留下了许多赞美之文。从盛唐到晚清，描写黄山的散文有数百篇，歌咏黄山的诗词多达 2 万多首。“黄山画”更是中国画历史长卷中最辉煌的一章。黄山现保存古建筑近百座、摩崖石刻 200 处，总长 5 万多米的古“蹬道”有石阶 36000 级，连接着黄山各景区、景点。

1990 年，根据文化遗产和自然遗产遴选标准 C（II）N（III）（IV），黄山风景区被列入《世界遗产名录》。

2. 世界文化遗产——皖南古村落：西递、宏村（the ancient villages in south Anhui-Xidi and Hongcun）

西递和宏村这两个安徽古村落奇迹般地保留了目前已近消失或者已经发生改变的中国传统农村聚居全貌。西递和宏村的街道结构、建筑和装饰、房屋布局以及人工水系都完好地保存着原始状态。

2000 年，根据文化遗产遴选标准 C（III）（IV）（V），皖南古村落——西递、宏村被列入《世界遗产名录》。

3. 人类非物质文化遗产——宣纸传统制作技艺（the traditional handicrafts of making Xuan paper）

宣纸因原产于宣州府（今安徽宣城）而得名，迄今已有 1000 多年的悠久历史。宣纸耐老化、不变色、少虫蛀、寿命长，故有“纸中之王、千年寿纸”的美誉。中国古代流传至今的大量古籍珍本、名家书画墨迹大都使用宣纸保存。宣纸的传统制作工艺于 2009 年入选联合国人类非物质文化遗产代表作名录。在宣纸的原产地安徽泾县，至今仍沿用着明清繁盛时期生产宣纸的捞纸、晒纸、剪纸等 108 道纯手工工序。

二、世界地质公园

地质公园（geopark）是以具有特殊地质科学意义、稀有的自然属性、较高的美学观赏价值，具有一定规模和分布范围的地质遗迹景观为主体，并融合其他自然景观与人文景观而构成的一种独特的自然区域。既为人们提供具有较高科学品位的观光旅游、度假休闲、保健疗养、文化娱乐的场所，又是地质遗迹景观和生态环境的重点保护区、地质科学研究与普及的基地。

（一）世界地质公园的发展

1989年，联合国教科文组织（UNESCO）、国际地科联（IUGS）、国际地质对比计划（IGCP）及国际自然保护联盟（IUCN）在华盛顿成立了“全球地质及古生物遗址名录”计划，目的是选择适当的地质遗址作为纳入世界遗产的候选名录。1996年改名为“地质景点计划”。1997年，联合国大会通过了教科文组织提出的“促使各地具有特殊地质现象的景点形成全球性网络”计划，即从各国（地区）推荐的地质遗产地中遴选出具有代表性、特殊性的地区纳入地质公园，其目的是使这些地区的社会、经济得到永续发展。1999年4月，联合国教科文组织第156次常务委员会议中提出了建立地质公园计划，目标是在全球建立500个世界地质公园，其中每年拟建20个，并确定中国大陆为建立世界地质公园计划试点之一。2004年2月13日，联合国教科文组织世界地质公园专家评审会在巴黎宣布了第一批28处世界地质公园名单，其中我国8处。截至2012年9月21日，中国已有27处地质公园进入教科文组织世界地质公园网络名录。

表2-3　我国世界地质公园的分布

省份	个数	省份	个数	省份	个数	省份	个数
北京	1	上海	0	湖北	0	云南	1
天津	0	江苏	0	湖南	1	西藏	0
河北	0	浙江	1	广东	2	陕西	1
山西	0	安徽	2	广西	1	甘肃	0
内蒙古	2	福建	2	海南	1	青海	0
辽宁	0	江西	3	重庆	0	宁夏	0
吉林	0	山东	1	四川	2	新疆	0
黑龙江	2	河南	4	贵州	0	香港	1

注：2006年审批通过的雷琼地质公园是由海南海口石山火山群与广东湛江湖光岩整合一体申报的，两省各计1处。

（二）安徽的世界地质公园

目前，安徽省拥有2座世界地质公园，即黄山世界地质公园（2004）

和天柱山世界地质公园（2011）。

1. 黄山世界地质公园

黄山世界地质公园雄踞于风光秀丽的皖南山区，面积约1200平方公里，是以中生代花岗岩地貌为特征的地质公园。黄山以雄峻瑰奇著称，千米以上的高峰有72座，峰高峭拔、怪石遍布。山体峰顶尖陡，峰脚直落谷底，形成群峰峭拔的中高山地形。黄山自中心部位向四周呈放射状地展布着众多的“U”形谷和“V”形谷。山顶、山腰和山谷等处广泛地分布有花岗岩石林石柱，特别是巧石遍布群峰、山谷。主要类型有穹状峰、锥状峰、脊状峰、柱状峰、箱状峰等。区内奇峰耸立，巍峨雄奇；青松苍翠，挺拔多姿；巧石嶙峋，如雕如塑；云海浩瀚，气势磅礴；温泉水暖，喷涌不歇。

2. 天柱山世界地质公园

天柱山世界地质公园位于安庆市潜山县境内，西北襟连大别山，东南濒临长江，面积413.14平方公里。天柱山世界地质公园处于华北、扬子两大板块之间大别山造山带与郯庐断裂带的复合部位。公园以全球范围内规模最大、剥露最深、出露最好、超高压矿物和岩石组合最为丰富的大别山超高压变质带经典地段享誉世界，成为研究大陆动力学的最典型地区之一；以郯庐断裂带上最美的花岗岩地貌闻名于世，尤以崩塌堆垒地貌独特典型被专家誉为中国“天柱山型”的杰出代表；以产出丰富的古新世哺乳类动物化石瞩目海内外，被公认为“亚洲哺乳类动物发源地之一”。

第二节　国家级品牌旅游资源

一、国家遗产

（一）我国国家遗产的发展

为保护我国遗产资源，加强世界自然遗产、世界文化与自然双遗产的申报、管理和保护工作，按照《世界遗产公约》、《世界遗产公约操作指南》及相关法律、法规的要求，建设部于 2005 年 4 月设立了《中国国家自然遗产、国家自然与文化双遗产预备名录》，作为申请列入《世界自然遗产、文化与自然双遗产预备名单》的候选项目。建设部于 2006 年和 2009 年先后公布了 2 批 56 项《中国国家自然遗产、国家自然与文化双遗产预备名录》。

表 2-4 我国的国家遗产分布

省份	个数	省份	个数	省份	个数	省份	个数
北京	1	上海	0	湖北	0	云南	2
天津	0	江苏	1	湖南	4	西藏	3
河北	1	浙江	1	广东	0	陕西	1
山西	4	安徽	2	广西	0	甘肃	1
内蒙古	0	福建	4	海南	0	青海	1
辽宁	1	江西	6	重庆	2	宁夏	1
吉林	1	山东	1	四川	5	新疆	3
黑龙江	3	河南	2	贵州	5	合计	56

（二）安徽的国家遗产

目前，安徽省共有 2 项国家级自然与文化双遗产，分别是九华山风景名胜区（2006）和天柱山风景名胜区（2009）。

二、国家级风景名胜区

（一）我国国家级风景名胜区的发展

“风景名胜区，是指具有观赏、文化或者科学价值，自然景观、人文景观比较集中，环境优美，可供人们游览或者进行科学、文化活动的区域。”（《风景名胜区条例》2006 年 12 月 1 日起施行）

图 2-1

因此，风景名胜区是以具有美感的自然景观为基础，渗透着人文景观美的地域综合体，它既有颇具典型性和代表性的自然景观，又保留着珍贵的历史文化胜迹，有着极高的观赏游览价值。风景名胜区可以划分为国家级风景名胜区和省级风景名胜区两类。自然景观和人文景观能够反映重要自然变化过程和重大历史文化发展过程，基本处于自然状态或者保持了历史原貌，具有国家代表性的可以申请设立国家级风景名胜区，具有区域代表性的可以申请设立省级风景名胜区。1982 年，建设部公布了首批 44 处国家级风景名胜区（原称国家重点风景名胜区）。截至 2012 年底，我国共有国家级风景名胜区 8 批 225 处，分布在除上海外的 30 个省、自治区、直辖市。

表 2-5　我国的国家级风景名胜区分布

省份	个数	省份	个数	省份	个数	省份	个数
北京	2	上海	0	湖北	7	云南	12
天津	1	江苏	5	湖南	19	西藏	4
河北	10	浙江	19	广东	8	陕西	6
山西	6	安徽	10	广西	3	甘肃	3
内蒙古	1	福建	18	海南	1	青海	1
辽宁	9	江西	14	重庆	7	宁夏	2
吉林	4	山东	5	四川	14	新疆	5
黑龙江	3	河南	10	贵州	18	合计	225

注：1982 年公布的长江三峡风景名胜区由重庆和湖北共有，1988 年公布的黄河壶口瀑布风景名胜区由山西和陕西共有，四地各算 1 处。

（二）安徽的国家级风景名胜区

安徽省共有国家级风景名胜区 10 处，它们是：黄山市黄山风景名胜区（1982）、池州市九华山风景名胜区（1982）、安庆市天柱山风景名胜区（1982）、滁州市琅琊山风景名胜区（1988）、黄山市齐云山风景名胜区（1994）、马鞍山市采石风景名胜区（2002）、巢湖市巢湖风景名胜区（2002）、黄山市花山谜窟—渐江风景名胜区（2002）、宣城市太极洞风景名胜区（2004）、安庆市花亭湖风景名胜区（2005）。

三、国家地质公园

（一）我国国家地质公园的发展

图 2-2

中国国家地质公园是以具有国家级特殊地质科学意义、较高的美学观赏价值的地质遗迹为主体，并融合其他自然景观与人文景观而构成的一种独特的自然区域，是由国家行政管理部门组织专家审定，由国土资源部正式批准授牌的地质公园。2001 年，国土资源部公布了首批 11 座国家地质公园。截至 2005 年 8 月，中国已批准建立国家地质公园 4 批 138 座。另外，香港地质公园于 2009 年 9 月由国家地质公园评审委员会评定符合国家地质公园评审标准的要求，并由全体委员通过正式成为国家地质公园。目前，我国共有国家地质公园 139 家。另外，国土资源部于 2009 年 8 月、2011 年 12 月和 2012 年 4 月公布了国家地质公园资格名单，分别为 44 处、17 处、19 处，合计 80 处。

表 2-6 我国国家地质公园（含资格名单）的分布

省份	个数	省份	个数	省份	个数	省份	个数
北京	5	上海	1	湖北	8	云南	10
天津	1	江苏	3	湖南	10	西藏	3
河北	11	浙江	4	广东	8	陕西	8
山西	8	安徽	11	广西	9	甘肃	8
内蒙古	7	福建	12	海南	1	青海	7
辽宁	4	江西	4	重庆	7	宁夏	2
吉林	4	山东	10	四川	16	新疆	7
黑龙江	7	河南	15	贵州	9	香港	1

注：2002 年公布的黄河壶口瀑布国家地质公园属于山西、陕西共有，2004 年公布的长江三峡国家地质公园属于湖北、重庆共有，四地各算 1 处。

（二）安徽的国家地质公园

目前，安徽省共有国家地质公园 9 座，它们是：黄山市黄山国家地质公园（2002）、黄山市齐云山国家地质公园（2002）、安庆市浮山国家地质公园（2002）、淮南八公山国家地质公园（2002）、黄山市祁门牯牛降国家地质公园（2004）、安庆市天柱山国家地质公园（2005）、六安市大别山国家地质公园（2005）、池州市九华山国家地质公园（2009 年获得国家地质公园资格，2012 年正式命名成为国家地质公园）、滁州市凤阳山国家地质公园（2009 年凤阳山地质公园获得国家地质公园资格，2013 年正式命名为国家地质公园，同时更名为凤阳山国家地质公园）；另外，安徽省有 2 座地质公园获批国家地质公园资格，它们是：宣城市广德太极洞地质公园（2011）、芜湖市丫山地质公园（2011）。

四、国家森林公园

（一）我国国家森林公园的发展

据《中国森林公园风景资源质量等级评定》（GB/T 18005－1999）："森林公园是具有一定规模和质量的森林风景资源与环境条件，可以开展森林旅游，并按法定程序申报批准的森林地域。"1993 年 12 月，国家林业部公布的《森林公园管理办法》把我国的森林公园分为国家级森林公园、省级森林公园和市、县级森林公园三个等级，其中"森林景观特别优美，人文景物比较集中，观赏、科学、文化价值高，地理位置特殊，具有一定的区域代表性，旅游服务设施齐全，有较高的知名度"的可以申报国家森林公园。

图 2-3

自 1982 年我国第一个国家森林公园——张家界国家森林公园诞生起，一大批各具特色的森林公园先后建立。截至 2013 年 1 月 25 日，我国共建立国家级森林公园 773 处，国家级森林旅游区 1 处（吉林省白山市）。

表 2-7 我国的国家森林公园的分布

省份	个数	省份	个数	省份	个数	省份	个数
北京	15	上海	4	湖北	32	云南	27
天津	1	江苏	16	湖南	49	西藏	9
河北	27	浙江	38	广东	25	陕西	34
山西	18	安徽	30	广西	20	甘肃	21
内蒙古	29	福建	29	海南	8	青海	7
辽宁	29	江西	45	重庆	25	宁夏	4
吉林	32	山东	40	四川	32	新疆	19
黑龙江	58	河南	28	贵州	22	合计	773

注：1994 年 7 月，国家林业部批准在吉林省白山市建立全幅员的国家森林旅游区，不在上述统计之列。2009 年 7 月 16 日，林场许准[2009]23 号文件准予撤销辽宁省 1992 年设立的天桥沟国家森林公园；2010 年 8 月 20 日，林场许撤[2010]1 号文件准予撤销河北省 2009 年设立的承德石海国家森林公园；2010 年 11 月 9 日，林场许准[2010]1723 号文件准予撤销广东省 1992 年设立的万有国家森林公园，上述 3 个也不在统计之列。

（二）安徽的国家森林公园

安徽全省共有国家森林公园 30 处，它们是：滁州市琅琊山国家森林公园（1985）、黄山市黄山国家森林公园（1987）、安庆市天柱山国家森林公园（1992）、池州市九华山国家森林公园（1992）、宿州市皇藏峪国家森林公园（1992）、黄山市徽州国家森林公园（1992）、安庆市大龙山国家森林公园（1992）、合肥市紫蓬山国家森林公园（1992）、滁州市皇甫山国家森林公园（1992）、六安市天堂寨国家森林公园（1992）、巢湖市和县鸡笼山国家森林公园（1992）、巢湖市庐江县冶父山国家森林公园（1992）、巢湖市含山县太湖山国家森林公园（1992）、滁州市神山国家森林公园（1992）、安庆市妙道山国家森林公园（1992）、巢湖市无为县天井山国家森林公园（1992）、合肥市舜耕山国家森林公园（1992）、安庆市浮山国家森林公园（1992）、安庆市石莲洞国家森林公园（1992）、黄山市齐云山国家森林公园（1993）、滁州市韭山国家森林公园（1993）、宣城市横山国家森林公园（1994）、宣城市敬亭山国家森林公园（1996）、六安市万佛山国家森林公园（2002）、六安市八公山国家森林公园（2002）、宣城市青龙湾国家森林公园（2004）、宣城市水西国家森林公园（2004）、淮南市上窑国家森林公园（2005）、芜湖马仁山国家森林公园（2007）、合肥大蜀山国家森林公园（2013）。

五、国家自然保护区

（一）我国国家自然保护区的发展

据 1994 年发布的《中华人民共和国自然保护区条例》称“自然保护区，是指对有代表性的自然生态系统、珍稀濒危野生植物物种的天然集中分布区、有特殊意义的自然遗迹等保护对象所在的陆地、陆地水体或者海域，依法划出一定面积予以特殊保护和管理的区域”。自然保护区不仅是一个国家自然综合体的陈列馆和野生动植物的基因库，而且还是调剂环境的主力军。所以，自然保护区建设是环境保护事业不可或缺的一项基础建设工作，建立一个较为完备的自然保护区体系对一个国家的可持续发展意义重大。

图 2-4

自 1956 年在广东省肇庆市建立我国第一个自然保护区——鼎湖山自然保护区以来，保护区事业迅猛发展。至 2013 年 6 月底，我国共有各类国家级自然保护区 384 个。

表 2-8　我国的国家级自然保护区的分布

省份	个数	省份	个数	省份	个数	省份	个数
北京	2	上海	2	湖北	14	云南	20
天津	3	江苏	3	湖南	20	西藏	9
河北	13	浙江	10	广东	14	陕西	20
山西	6	安徽	7	广西	18	甘肃	18
内蒙古	25	福建	15	海南	9	青海	6
辽宁	15	江西	13	重庆	7	宁夏	7
吉林	17	山东	7	四川	28	新疆	9
黑龙江	30	河南	11	贵州	9	合计	384

注：2005 年公布的长江上游珍稀、特有鱼类国家级自然保护区是四川、重庆、贵州和云南共有，4 地各算 1 处。

（二）安徽的国家级自然保护区

安徽全省共有国家级自然保护区 7 处，它们是：宣城市扬子鳄国家级自然保护区（1986）、黄山市牯牛降国家级自然保护区（1988）、安庆市鹞落坪国家级自然保护区（1994）、池州市升金湖国家级自然保护区（1997）、六安市金寨天马国家级自然保护区（1998）、铜陵市淡水豚国家级自然保护区（2006）、清凉峰国家级自然保护区（宣城市绩溪县和黄山市歙县，2011）。

另外，安徽省还有 4 处中国湿地自然保护区，它们是：升金湖自然保护区、安庆沿江水禽自然保护区、扬子鄂自然保护区和贵池十八索自然保护区。3 处中国生物圈保护区，它们是：池州升金湖国家级自然保护区（1995）、鹞落坪国家级自然保护区（1999）和铜陵豚类国家级自然保护区（2010）。

六、国家湿地公园

（一）我国国家湿地公园的发展

湿地公园是“以具有显著或特殊生态、文化、美学和生物多样性价值的湿地景观为主体，具有一定规模和范围，以保护湿地生态系统完整性，维护湿地生态过程和生态服务功能，并在此基础上充分发挥湿地的多种功能效益，开展湿地合理利用为宗旨，可供公众浏览、休闲或进行科学、文化和教育活动的特定湿地区域”。湿地公园分国家级湿地公园和省级湿地公园两个等级 ，其中国家级湿地公园由国家林业局批准设立。2005 年 2 月，国家林业局设立了首个国家湿地公园试点——浙江西溪湿地国家公园。截至 2012 年底，我国共公布国家湿地公园试点 298 个，其中有 12 处晋升为正式的国家湿地公园，所以还有 286 个国家湿地公园试点。

图 2-5

2011 年，国家林业局下文（林湿发〔2011〕212 号）批准 12 处国家湿地公园试点验收通过，正式成为国家湿地公园，分别是：黑龙江省安邦河国家湿地公园、白渔泡国家湿地公园，江苏省姜堰溱湖国家湿地公园、苏州太湖国家湿地公园、扬州宝应湖国家湿地公园、无锡梁鸿国家湿地公园，浙江省杭州西溪国家湿地公园，江西省东鄱阳湖国家湿地公园，重庆市彩云湖国家湿地公园，陕西省千湖国家湿地公园，宁夏回族自治区银川国家湿地公园、石嘴山星海湖国家湿地公园。

表 2-9 我国的国家湿地公园试点的分布

省份	个数	省份	个数	省份	个数	省份	个数
北京	1	上海	1	湖北	26	云南	4
天津	0	江苏	9	湖南	24	西藏	8
河北	6	浙江	7	广东	7	陕西	13
山西	6	安徽	12	广西	3	甘肃	4
内蒙古	11	福建	3	海南	2	青海	1
辽宁	6	江西	14	重庆	13	宁夏	7
吉林	9	山东	24	四川	10	新疆	16
黑龙江	18	河南	10	贵州	4	合计	279

注：中国内蒙古森林工业集团有限责任公司 3 个：根河源国家湿地公园（2011）、图里河国家湿地公园（2011）、牛耳河国家湿地公园（2012）；大兴安岭林业集团公司 4 个：阿木尔国家湿地公园（2011）、双河源国家湿地公园（2011）、漠河九曲十八湾国家湿地公园（2011）、古里河国家湿地公园（2011），都不在上述统计之列。

（二）安徽的国家湿地公园

目前，安徽省共有国家湿地公园试点 12 处，分别为：黄山市太平湖国家湿地公园（2008）、阜阳市迪沟国家湿地公园（2008）、宿州市泗县石龙湖国家湿地公园(2009)、蚌埠市三叉河国家湿地公园(2009)、淮南焦岗湖国家湿地公园（2009）、阜阳市太和沙颍河国家湿地公园(2009)、安庆市太湖花亭湖国家湿地公园（2009）、阜阳市颖州西湖国家湿地公园（2009）、池州市秋浦河源国家湿地公园（2011）、池州市平天湖国家湿地公园（2011）、六安市淠河国家湿地公园（2011）和亳州市道源国家湿地公园（2011）。

七、国家城市湿地公园

（一）我国国家城市湿地公园的发展

城市湿地公园是“纳入城市绿地系统规划的，具有湿地的生态功能和典型特征的，以生态保护、科普教育、自然野趣和休闲游览为主要内容的公园”。湿地对涵养城市水源、维持区域水平衡、调节区域气候、降解污染物、保护生物多样性等发挥着重要作用，具有巨大的生态效益、经济效益和社会效益。申报国家城市湿地公园的湿地，必须具备能供人们观赏、游览，开展科普教育和进行科学文化活动，保护、观赏、文化和科学价值较高，有天然湿地类型或有一定影响及代表性，并且纳入城市绿地系统规划范围、占地500亩以上等条件。

2004年，建设部在山东省荣城市设立了我国第一个国家城市湿地公园——桑沟湾国家城市湿地公园。截至2012年底，我国共有国家城市湿地公园45处。

表2-10 我国的国家城市湿地公园的分布

省份	个数	省份	个数	省份	个数	省份	个数
北京	1	上海	0	湖北	1	云南	0
天津	0	江苏	6	湖南	1	西藏	0
河北	2	浙江	3	广东	1	陕西	0
山西	1	安徽	2	广西	0	甘肃	2
内蒙古	0	福建	1	海南	0	青海	0
辽宁	1	江西	1	重庆	0	宁夏	1
吉林	1	山东	11	四川	0	新疆	1
黑龙江	2	河南	4	贵州	2	合计	45

（二）安徽的国家城市湿地公园

目前，安徽省共拥有2处国家城市湿地公园，分别是淮北市南湖国家城市湿地公园（2005）和淮南市十涧湖国家城市湿地公园（2007）。

八、国家矿山公园

（一）我国国家矿山公园的发展

矿山公园是指以展示矿业遗迹景观为主体，体现矿业发展历史内涵，具备研究价值和教育功能，可供人们游览观赏、科学考察的特定的空间地域。矿山公园的建设应以科学发展观为指导，融自然景观与人文景观于一体，采用环境更新、生态恢复和文化重现等手段，达到生态效益、经济效益和社会效益的有机统一。通过建立国家矿山公园，对重要矿业遗迹进行保护和抢救，不仅有利于带动矿山生态环境的恢复治理，而且有利于保护和永续利用矿业遗迹，展示悠久的矿业历史和灿烂文化，促进资源枯竭型矿山经济转型和可持续发展。化“腐朽”为“神奇”、变“暗点”为“亮点”的矿山公园，是谋求人与自然和谐相处的一种有益尝试。

国土资源部于 2005 年和 2010 年公布了 2 批国家矿山公园，目前共有 61 处。

表 2-11　我国的国家矿山公园的分布

省份	个数	省份	个数	省份	个数	省份	个数
北京	3	上海	0	湖北	2	云南	1
天津	0	江苏	2	湖南	2	西藏	0
河北	4	浙江	3	广东	4	陕西	0
山西	2	安徽	3	广西	2	甘肃	2
内蒙古	4	福建	2	海南	0	青海	1
辽宁	1	江西	3	重庆	1	宁夏	1
吉林	2	山东	4	四川	2	新疆	0
黑龙江	6	河南	3	贵州	1	合计	61

（二）安徽的国家矿山公园

目前，安徽共有国家矿山公园 3 处，分别为淮北国家矿山公园（2005）、铜陵铜官山国家矿山公园（2010）和淮南大通国家矿山公园

（2010）。

九、国家水利风景区

（一）我国国家水利风景区的发展

2004年水利部公布的《水利风景区管理办法》指出，水利风景区是指以水域（水体）或水利工程为依托，具有一定规模和质量的风景资源与环境条件，可以开展观光、娱乐、休闲、度假或科学、文化、教育活动的区域。本类型保护地“以培育生态、优化环境、保护资源、实现人与自然的和谐相处为目标，强调社会效益、环境效益和经济效益的有机统一”。国家水利风景区有水库型、湿地型、自然河湖型、城市河湖型、灌区型、水土保持型等类型。2001年，水利部公布我国首批18处国家水利风景区，截至2012年10月，全国共建立518处国家级水利风景区。

图 2-6

表 2-12 我国国家水利风景区的分布

省份	个数	省份	个数	省份	个数	省份	个数
北京	3	上海	4	湖北	13	云南	15
天津	2	江苏	33	湖南	24	西藏	1
河北	13	浙江	24	广东	8	陕西	19
山西	13	安徽	25	广西	6	甘肃	21
内蒙古	21	福建	11	海南	2	青海	9
辽宁	8	江西	23	重庆	11	宁夏	8
吉林	18	山东	57	四川	8	新疆	9
黑龙江	22	河南	29	贵州	19	合计	479

注：另外有39处分别属于水利部（3）、淮河水利委员会（2）、黄河水利委员会（19）、海河水利委员会（1）、松辽水利委员会（2）、长江水利委员会（1）、太湖流域管理局（1）、新疆生产建设兵团（10），不归地方管辖。

（二）安徽的国家水利风景区

安徽全省共有国家水利风景区25处，它们是：六安市龙河口水利旅游区（2001）、黄山市太平湖风景区（2001）、六安市佛子岭水库风景区（2003）、蚌埠市龙子湖风景区（2003）、六安市梅山水库水利风景区（2004）、六安市响洪甸水库水利风景区（2004）、太湖县花亭湖水利风景区（2004）、蚌埠闸水利风景区（2004）、宁国市青龙湾水利风景区（2004）、六安市横排头水利风景区（2005）、霍邱县水门塘水利风景区（2006）、广德县卢湖竹海水利风景区（2007）、泾县桃花潭水利风景区（2008）、歙县霸王山摇铃秀水水利风景区（2009）、凤台县茨淮新河水利风景区（2009）、霍邱县临淮岗工程水利风景区（2009）、亳州市白鹭洲水利风景区（2009）、阜南县王家坝水利风景区（2010）、淮南市焦岗湖水利风景区（2010）、郎溪县石佛山天子湖水利风景区（2010）、黄山石门水利风景区（2010）、芜湖市滨江水利风景区（2011）、六安市淠河水利风景区（2011）、岳西县天峡水利风景区（2012）和来安县白鹭岛水利风景区（2012）。

十、国家重点公园

（一）我国国家重点公园的发展

中国的国家重点公园，是指具有重要影响和较高价值，且在全国有典型性、示范性或代表性的公园，由中华人民共和国住房和城乡建设部批准及公布。2007年2月，建设部公布了我国首批20个国家重点公园。截至2011年1月，全国共有63个国家重点公园。

表2-13 我国国家重点公园的分布

省份	个数	省份	个数	省份	个数	省份	个数
北京	10	上海	0	湖北	3	云南	0
天津	0	江苏	18	湖南	1	西藏	0
河北	1	浙江	2	广东	4	陕西	1
山西	2	安徽	1	广西	2	甘肃	0
内蒙古	0	福建	6	海南	0	青海	0

续表

省份	个数	省份	个数	省份	个数	省份	个数
辽宁	2	江西	1	重庆	3	宁夏	1
吉林	1	山东	2	四川	0	新疆	0
黑龙江	0	河南	2	贵州	0	合计	63

（二）安徽的国家重点公园

安徽的国家重点公园有 1 处：合肥环城公园。合肥环城公园的建设始于 1980 年，1990 年基本建成，2008 年被批准为国家重点公园。公园设计新颖，构思独特，环境优美，有艺术气氛。公园总长 8.7 公里，面积 137.6 公顷，其中水面 52.6 公顷，陆地 85 公顷。东西向穿城而过的主干道长江路把环城公园分成南环城、北环城两部分。南北两环巧妙利用自然地形地貌，形成西山、银河、包河、环东、环北、环西 6 个风格各异的环城景区。如今的环城公园已成为环绕古城合肥一处不可多得的美景胜地，同时也成为提升合肥城市品位和形象的一道亮丽的风景线。

十一、中国优秀旅游城市

（一）中国优秀旅游城市的发展

国家旅游局于 1993 年 11 月在全国旅游局长会议上，提出评选中国最佳环境旅游城市的想法。此后几经修改最后于 1995 年 7 月正式行文，决定在全国发起创建中国优秀旅游城市的活动，并确定了相应的标准和程序。由于优秀旅游城市的称号能够概括一个城市的综合优势，有助于增强城市多方面的竞争力，同时，对活动组织的方式，文件中的表述准确且具操作性，既体现了活动的创造性与可行性——是创建而不是多有微词的评选，又坚持了高标准与开放度——是优秀而不是只有少数的最佳，因此“创优”的倡议得到热烈的响应。1998 年 12 月 18 日，国家旅游局命名了第一批 54 个中国优秀旅游城市，截至 2010 年底，共 9 批 339 座城市通过了验收。

表 2-14　中国优秀旅游城市的分布

省份	个数	省份	个数	省份	个数	省份	个数
北京	1	上海	1	湖北	12	云南	7
天津	1	江苏	28	湖南	13	西藏	1
河北	10	浙江	27	广东	21	陕西	6
山西	5	安徽	10	广西	12	甘肃	9
内蒙古	11	福建	8	海南	5	青海	2
辽宁	17	江西	9	重庆	1	宁夏	1
吉林	7	山东	35	四川	21	新疆	12
黑龙江	11	河南	27	贵州	7	合计	338

注：2005 年评为中国优秀旅游城市的石河子市属于新疆生产建设兵团管辖，不在上述统计之列。

（二）安徽的中国优秀旅游城市

安徽省共有中国优秀旅游城市 10 座，它们是：黄山市（1998）、合肥市（1998）、亳州市（1998）、马鞍山市（2000）、安庆市（2000）、芜湖市（2000）、铜陵市（2006）、池州市（2006）、宣城市（2010）、淮南市（2010）。

十二、国家历史文化名城

（一）我国历史文化名城的发展

1982 年 2 月，为了保护那些曾经是古代政治、经济、文化中心或近代革命运动和重大历史事件发生地的重要城市及其文物古迹的环境风貌免受基本建设的影响和破坏，国务院批转了国家建委等部门《关于保护我国历史文化名城的请示》（以下称《请示》），《请示》首次正式提出了“历史文化名城”的概念。据 2007 年 12 月 29 日修订的《中华人民共和国文物保护法》称，“保存文物特别丰富并且具有重大历史价值或者革命纪念意义的城市，由国务院核定公布为历史文化名城。”1982 年 2 月 15 日，我国公布了首批 24 座国家历史文化名城。截至 2013 年 5 月 18 日，我国先后核定了 122 座国家历史文化名城。

表 2-15 我国国家历史文化名城的分布

省份	个数	省份	个数	省份	个数	省份	个数
北京	1	上海	1	湖北	5	云南	6
天津	1	江苏	11	湖南	3	西藏	3
河北	5	浙江	7	广东	7	陕西	6
山西	6	安徽	5	广西	3	甘肃	4
内蒙古	1	福建	4	海南	2	青海	1
辽宁	1	江西	3	重庆	1	宁夏	1
吉林	2	山东	8	四川	8	新疆	5
黑龙江	1	河南	8	贵州	2	合计	122

注：海南省琼山市 1994 年成为国家历史文化名城，但是 2002 年 10 月琼山市并入海口市，成为海口市琼山区，海口市于 2007 年成为国家历史文化名城，海口市琼山区与海口市根据国务院意见分计为 2 处（住房城乡建设部、国家文物局在作统计报告及海口市政府在编制城市总体规划或者历史文化名城保护规划时则被合并为 1 处）。

（二）安徽的国家历史文化名城

安徽省共有国家历史文化名城 5 座，它们是：亳州（1986）、歙县（1986）、寿县（1986）、安庆（2005）、绩溪（2007）。

十三、中国历史文化名镇（村）

（一）中国历史文化名镇（村）的发展

中国历史文化名镇（村），是由建设部和国家文物局共同组织评选的，是指保存文物特别丰富，且具有重大历史价值或纪念意义的，能较完整地反映一些历史时期传统风貌和地方民族特色的镇（村）。2003 年 10 月 8 日，建设部、国家文物局联合公布了第一批 10 个中国历史文化名镇、12 个中国历史文化名村。截至 2010 年 12 月 13 日，我国国家级历史文化名镇（村）的数量达到 350 个，其中名镇 181 个、名村 169 个。

表 2-16　中国历史文化名镇的分布

省份	个数	省份	个数	省份	个数	省份	个数
北京	1	上海	8	湖北	11	云南	7
天津	1	江苏	19	湖南	3	西藏	2
河北	6	浙江	16	广东	10	陕西	3
山西	7	安徽	5	广西	3	甘肃	7
内蒙古	2	福建	7	海南	4	青海	0
辽宁	2	江西	4	重庆	16	宁夏	0
吉林	2	山东	1	四川	17	新疆	2
黑龙江	2	河南	7	贵州	6	合计	181

表 2-17　中国历史文化名村的分布

省份	个数	省份	个数	省份	个数	省份	个数
北京	4	上海	0	湖北	5	云南	5
天津	1	江苏	3	湖南	8	西藏	0
河北	7	浙江	14	广东	15	陕西	2
山西	23	安徽	12	广西	4	甘肃	0
内蒙古	2	福建	16	海南	3	青海	2
辽宁	0	江西	17	重庆	0	宁夏	1
吉林	0	山东	4	四川	4	新疆	4
黑龙江	0	河南	2	贵州	11	合计	169

（二）安徽的中国历史文化名镇（村）

目前，安徽省共有 5 个中国历史文化名镇，分别是肥西县三河镇（2007）、六安市金安区毛坦厂镇（2007）、歙县许村镇（2008）、休宁县万安镇（2008）、宣城市宣州区水东镇（2008）；12 个中国历史文化名村，分别是黟县西递镇西递村（2003）、黟县宏村镇宏村（2003）、歙县徽城镇渔梁村（2005）、旌德县白地镇江村（2005）、徽州区潜口镇唐模村（2007）、歙县郑村镇棠樾村（2007）、黟县宏村镇屏山村

（2007）、徽州区呈坎镇呈坎村（2008）、泾县桃花潭镇查济村（2008）、黟县碧阳镇南屏村（2008）、休宁县商山乡黄村（2010）、黟县碧阳镇关麓村（2010）。

十四、中国历史文化名街

（一）中国历史文化名街的发展

中国历史文化名街是为了深入贯彻中国共产党的十七大精神，全面落实科学发展观，进一步推进城市文化建设和文化遗产保护，经文化部、国家文物局批准后由中国文化报社联合中国文物报社举办的一项评选推介活动。截至 2013 年 6 月 28 日，该活动自 2009 年以来连续举办五届，共评出 50 条中国历史文化名街。历史文化名街是历史文化名城的有机组成部分，是特殊类型的文化遗产，又是广大民众日常生活的场所。

表 2-18　中国历史文化名街的分布

省份	个数	省份	个数	省份	个数	省份	个数
北京	2	上海	3	湖北	0	云南	1
天津	1	江苏	7	湖南	0	西藏	2
河北	0	浙江	2	广东	5	陕西	1
山西	2	安徽	4	广西	0	甘肃	0
内蒙古	0	福建	6	海南	1	青海	0
辽宁	0	江西	1	重庆	1	宁夏	0
吉林	1	山东	3	四川	2	新疆	0
黑龙江	2	河南	2	贵州	1	合计	50

（二）安徽的中国历史文化名街

目前，安徽共有中国历史文化名街 4 条，全部分布于黄山市，分别为屯溪区屯溪老街（2009）、歙县渔梁街（2011）、休宁县万安老街（2012）和绩溪县龙川水街（2013）。

十五、全国重点文物保护单位

（一）我国全国重点文物保护单位的发展

据2007年12月29日修订的《中华人民共和国文物保护法》称，“古文化遗址、古墓葬、古建筑、石窟寺、石刻、壁画、近代现代重要史迹和代表性建筑等不可移动文物，根据它们的历史、艺术、科学价值，可以分别确定为全国重点文物保护单位，省级文物保护单位，市、县级文物保护单位”。

全国重点文物保护单位为我国大陆对不可移动文物所核定的最高保护级别，即国家级文物保护单位，具体由国家文物局审核，由中华人民共和国国务院核定发布。现已发布7批，共4291项。1961年3月，太平天国忠王府（苏州博物馆馆址）经国务院批准，列为第一批全国重点文物保护单位；1964年10月，受极左路线影响，宣布撤销全国重点文物保护单位；1981年，经国务院批准，同意恢复全国重点保护单位，一直至今。2001年，国家文物局将四川省渠县赵家村汉阙、王家坪汉阙、蒲家湾汉阙与1961年公布的冯焕阙、沈府君阙2处国家重点文物保护单位合并为1处，命名为渠县汉阙，这样国家重点文物保护单位整体减少1处。另外，湖南里耶古城遗址（2002）、内蒙古阿尔寨石窟（2003）、河南焦裕禄烈士墓（2003）增补为第五批全国重点文物保护单位；湖南安江农校纪念园（2009）增补为第六批全国重点文物保护单位。截至2013年6月底，我国共有全国重点文物保护单位4294处。

表2-19 我国全国重点文物保护单位的分布

省份	个数	省份	个数	省份	个数	省份	个数
北京	125	上海	29	湖北	148	云南	131
天津	28	江苏	224	湖南	13	西藏	55
河北	273	浙江	230	广东	98	陕西	233
山西	452	安徽	129	广西	66	甘肃	129
内蒙古	133	福建	137	海南	24	青海	44

续表

省份	个数	省份	个数	省份	个数	省份	个数
辽宁	127	江西	128	重庆	55	宁夏	35
吉林	74	山东	196	四川	234	新疆	113
黑龙江	48	河南	357	贵州	70	合计	4294

注：1996年公布的万里长城一九门口为辽宁和河北共有；1996年公布的许家窑一侯家窑遗址为山西和河北共有；2001年公布的金界壕遗址为内蒙古和黑龙江共有；2001年公布的长城为北京、河北、辽宁、山东、山西、陕西、内蒙古、宁夏共有；2013年公布的茶马古道为四川、云南、贵州共有；2013年公布的大运河为北京、天津、河北、浙江、江苏、安徽、山东、河南共有；各地各算1处。

（二）安徽的全国重点文物保护单位

安徽省的国家重点文物保护单位共有129处，具体如下：

- 合肥市（6处）：渡江战役总前委旧址，刘铭传旧居，冯玉祥旧居，银山智人遗址，李氏家族旧宅，安徽省博物馆陈列展览大楼；
- 芜湖市（9处）：大工山—凤凰山铜矿遗址，繁昌窑遗址，皖南土墩墓群，人字洞遗址，牯牛山城址，黄金塔，芜湖天主堂，英驻芜领事署旧址，圣雅各中学旧址；
- 淮南市（2处）：寿州窑遗址，侵华日军淮南罪证遗址；
- 马鞍山市（5处）：朱然家族墓地，李白墓，和县猿人遗址，凌家滩遗址，太白楼；
- 淮北市（5处）：柳孜运河码头遗址，临涣城址，淮海战役总前委和华东野战军指挥部旧址，石山孜遗址，古城汉墓；
- 铜陵市（1处）：大工山—凤凰山铜矿遗址；
- 安庆市（16处）：薛家岗遗址，白崖寨，天柱山山谷流泉摩崖石刻，振风塔，世太史第，孙家城遗址，张四墩遗址，张廷玉墓，太平塔，法云寺塔，桐城文庙，安庆南关清真寺，浮山摩崖石刻，安徽大学红楼及敬敷书院旧址，安庆天主堂，陈独秀墓；
- 黄山市（31处）：潜口民宅，许国石坊，棠樾石牌坊群，老屋阁及绿绕亭，罗东舒祠，程氏三宅，呈坎村古建筑群，渔梁坝，宏村古建筑群，西递村古建筑群，许村古建筑群，祁门古戏台，南屏村古建筑群，溪头三槐堂，郑氏宗祠，竹山书院，齐云山石刻，黄山登山古道及古建筑，长庆寺塔，程大位故居，黄村进士第，洪氏宗祠，棠樾古民居，北岸吴氏宗祠，员公支祠，昌溪周氏宗祠，北岸廊桥，兴村程氏宗祠，黄山摩崖石刻群，洪家大屋，岩寺新四军军部旧址；

➢ 滁州市（3 处）：明中都皇故城及皇陵石刻，半塔保卫战旧址，琅琊山摩崖石刻及碑刻；

➢ 六安市（9 处）：安丰塘，寿春城遗址，寿县古城墙，李氏庄园，六安汉代王陵墓地，淮南王刘安家族墓地，程端忠墓，寿县孔庙，寿县清真寺；

➢ 亳州市（7 处）：花戏楼，尉迟寺遗址，曹氏家族墓群，亳州古地道，蒙城万佛塔，古井贡酒酿造遗址，南京巷钱庄；

➢ 宣城市（17 处）：新四军军部旧址，龙川胡氏宗祠，广教寺双塔，陈山遗址，水西双塔，查济古建筑群，江村古建筑群，黄田村古建筑群，毛竹山、官山遗址，徽杭古道绩溪段和古徽道东线郎溪段，建平镇土墩墓群，天寿寺塔，仙人塔，奕世尚书坊和胡炳衡宅，上庄古建筑群，旌德文庙，王稼祥故居；

➢ 蚌埠市（7 处）：双墩遗址，禹会村遗址，垓下遗址，双墩春秋墓，化明塘严氏墓，汤和墓，怀远教会建筑旧址；

➢ 宿州市（3 处）：小山口遗址，古台寺遗址，淮海战役总前委和华东野战军指挥部旧址；

➢ 池州市（9 处）：榉根关古徽道，太平山房，九华山祇园寺，九华山化城寺，九华山月身殿，济阳曹氏宗祠，上章李氏宗祠，九华山百岁宫，齐山摩崖石刻；

➢ 跨省市区（1 处）：大运河。①

十六、全国工（农）业旅游示范点

（一）我国全国工（农）业旅游示范点的发展

以工业生产过程、工厂风貌、工人工作生活为主要吸引物的工业

① 1996 年公布的南陵县和铜陵市的大工山－凤凰山铜矿、2006 年公布的濉溪县临涣镇和萧县蔡洼村的淮海战役总前委和华东野战军指挥部旧址均为两地共有，在此各计 1 处。

旅游和以农业生产过程、农村风貌、农民劳动生活为主要吸引物的农业旅游，是当代世界旅游产品中的一个重要分支，发展势头日益强劲。在我国，大力发展工农业旅游，不但是整合旅游资源、丰富旅游产品、增加旅游供给、进一步做大做强旅游产业、满足人民群众日益增长的旅游需求的重大战略措施，而且对于促进经济结构调整和经济社会发展、解决“三农”问题和就业再就业问题、培育工业经济和农业经济新的增长点，都具有积极的作用。2004 年以来，全国工农业旅游示范点已经公布 4 次，总数达到 1098 个，其中工业旅游示范点 345 个、农业旅游示范点 753 个。

表 2-20　全国工（农）业旅游示范点的发展

	2004 年	2005 年	2006 年	2007 年	总计
全国工业旅游示范点	103	77	91	74	345
全国农业旅游示范点	203	156	215	179	753
合计	306	233	306	253	1098

（二）安徽的全国工（农）业旅游示范点

截至 2007 年底，安徽省共有全国工（农）业旅游示范点 67 家。

其中，全国工业旅游示范点 24 家，分别是：芜湖市工艺美术厂（2004）、马鞍山钢铁厂（2004）、歙县老胡开文墨厂（2004）、安徽古井集团（2004）、东至县玩具工业城（2004）、安庆环新集团（2004）、芜湖港（2006）、安徽丰原集团工业园（2006）、安徽沪樵中医药文化博览园（2006）、池州海螺有限公司工业园（2006）、泾县宣纸探秘文化园（2006）、泾县宣笔工艺厂工业园（2006）、屯溪老胡开文墨厂工业园（2006）、奇瑞汽车有限公司工业园（2006）、黄山徽州竹艺轩雕刻工艺厂工业旅游区（2007）、黄山市雕世家暨王祖伟雕艺术中心（2007）、黄山佳龙土特产有限公司工业旅游区（2007）、蒙牛乳业（马鞍山）有限公司工业旅游区（2007）、安徽迎驾集团工业旅游（2007）、寿县八公山豆制品厂工业旅游区（2007）、 桐城市安徽鸿润（集团）股份有限公司工业（2007）、宣城志文工艺品有限公司工业旅游区

(2007)、宣城安徽宏祥织有限公司工业旅游区（2007)、安徽亳州兴邦工业园（2007)。

全国农业旅游示范点43家，分别是：黄山市屯溪区黄山植物大观园（2004)、歙县上丰花果山村落生态旅游区（2004)、黄山市徽州区蜀源生态旅游区（2004)、黄山市黄山区芙蓉观光农业开发实验区(2004)、休宁县农业高科技示范园（2004)、颍上县八里河风景区(2004)、阜阳市颍泉区生态园（2004)、颍上县迪沟生态旅游风景区(2004)、贵池农业科技示范园（2004)、安徽天方茶叶集团（2004)、东至县龙泉农业生态旅游区（2004)、安庆大龙山石塘湖农业旅游示范点（2004)、潜山县水吼农业观光园（2004)、太湖县花亭湖（2004)、淮南市毛集国家社会发展综合实验区（2004)、亳州市谯城区谯东镇药用植物园（2004)、芜湖县和平生态公园（2004)、芜湖县“陶辛水韵”(2006)、怀远禾泉农庄（2006)、安徽省大圩都市农业公园（2006)、肥西县三岗乡村旅游基地（2007)、芜湖市马仁奇峰森林公园（2007)、芜湖市大浦农业生态观光园（2007)、绩溪县五峰园（2007)、当涂县护河镇的园艺村（2007）等。

十七、全国红色旅游经典景区

（一）全国红色旅游经典景区的发展

为充分挖掘和利用革命历史文化资源，积极发展红色旅游，广泛开展爱国主义和革命传统教育，大力弘扬和培育伟大民族精神，不断增强民族凝聚力，推动革命老区经济社会协调发展，中央办公厅、国务院办公厅2004年底印发了《2004～2010年全国红色旅游发展规划纲要》，称：红色旅游，主要是指以中国共产党领导人民在革命和战争时期建立丰功伟绩所形成的纪念地、标志物为载体，以其所承载的革命历史、革命事迹和革命精神为内涵，组织接待旅游者开展缅怀学习、参观游览的主题性旅游活动。红色旅游所涵盖的范围是从1921年到1949年。

2011年，中央办公厅、国务院办公厅印发的《2011～2015年全国红色旅游发展规划纲要》进一步拓展了红色旅游的概念内涵。一方面，将新中国成立以来，特别是改革开放以来所形成的纪念地、标志物及其所承载的红色历史、红色精神划进红色旅游范畴，增强了红色旅游的时代性；另一方面，将解放战争之前，始自1840年以来，不同历史时期的、以爱国主义和革命传统精神为主题的、具有代表性的重大事件和重要人物的历史文化遗存纳入了红色旅游发展范围，从而体现出其历史传承性。内涵的延展使得红色旅游有了更加丰富的内容体系。以革命战争时期内容为重点，红色旅游按主题内容可划分为四个时期：一是1840年至1921年，重点反映中国人民面对西方列强入侵和封建王朝压迫展开的不屈不挠、艰难求索的奋斗历程；二是1921年至1949年，重点反映中国共产党领导全国各族人民推翻反动政权、夺取全国胜利、建立人民共和国、实现民族独立和人民解放的奋斗历程；三是1949年至1978年，重点反映中国共产党带领全国各族人民确立社会主义基本制度，在“一穷二白”的基础上自力更生、艰苦奋斗，进行社会主义革命和建设的奋斗历程；四是1978年以来，重点反映中国共产党在新的历史时期，实行改革开放，不断探索和发展中国特色社会主义的奋斗历程。

2011年4月1日，国家发改委、中宣部、国家旅游局等14部委联合印发了《全国红色旅游经典景区第二批名录》和《全国红色旅游经典景区第一批名录（修订版）》。目前，全国红色旅游经典景区共249处，分两批公布。第一批名录2005年公布，并于2011年修订，共122处；第二批名录2011年公布，共127处。

表2-21 我国全国红色旅游经典景区的分布

省份	个数	省份	个数	省份	个数	省份	个数
北京	13	上海	6	湖北	12	云南	6
天津	5	江苏	9	湖南	13	西藏	3
河北	13	浙江	8	广东	11	陕西	10
山西	9	安徽	6	广西	4	甘肃	10
内蒙	6	福建	8	海南	7	青海	3
辽宁	10	江西	10	重庆	7	宁夏	4

续表

省份	个数	省份	个数	省份	个数	省份	个数
吉林	7	山东	10	四川	5	新疆	6
黑龙江	10	河南	10	贵州	6	合计	247

注：新疆生产建设兵团第一批 1 个——石河子市红色旅游系列景区（新疆生产建设兵团军垦博物馆，农八师周恩来总理纪念馆），第 2 批 1 个——农一师阿拉尔市三五九旅纪念馆，不在上述统计之列。

（二）安徽的全国红色旅游经典景区

安徽省共有 4 处景区入选《全国红色旅游经典景区第一批名录》，分别为：

➢ 安徽新四军红色旅游系列景区（泾县皖南事变烈士陵园及新四军军部旧址纪念馆，滁州市藕塘烈士纪念馆及中原局旧址，黄山市黄山岩寺新四军军部旧址，宿州市皖东北革命历史纪念馆暨江上青烈士殉难地，亳州市涡阳县新四军四师纪念馆，滁州市来安县新四军二师师部旧址，新四军江北指挥部旧址）；

➢ 安徽省淮海战役系列景区（淮北市濉溪县、宿州市萧县淮海战役双堆集烈士陵园，蔡洼淮海战役总前委会议暨华东野战军指挥部旧址）；

➢ 皖西南红色旅游系列景区（金寨县革命烈士陵园，皖西烈士陵园，独山革命旧址群，红二十五军军政机构旧址，岳西及金寨县红二十八军军部及重建旧址，霍山县诸佛庵镇革命遗址，裕安区苏家埠战役纪念园，太湖县刘家畈高干会议旧址）；

➢ 芜湖市王稼祥纪念园。

安徽省共有 2 处景区入选《全国红色旅游经典景区第二批名录》，分别为：

➢ 合肥市肥东县渡江战役总前委旧址；

➢ 滁州市凤阳县小岗村。

十八、国家级非物质文化遗产

（一）我国国家级非物质文化遗产的发展

非物质文化遗产是指各族人民世代相承的、与群众生活密切相关的各种传统文化表现形式（如民俗活动、表演艺术、传统知识和技能，以及与之相关的器具、实物、手工制品等）和文化空间（即实期举行传统文化活动或集中展现传统文化表现形式的场所，兼具空间性和时间性）。这种遗产维护了各国人民的共同记忆，只有它才能够确保文化特性永存。非物质文化遗产又称口头或无形遗产，它包括：在民间长期口耳相传的诗歌、神话、史诗、故事、传说、谣谚；传统的音乐、舞蹈、戏剧、曲艺、杂技、木偶、皮影等民间表演艺术；广大民众世代传承的人生礼仪、岁时活动、节日庆典、民间体育和竞技，以及有关生产、生活的其他习俗；有关自然界和宇宙的民间传统知识和实践；传统的手工艺技能；与上述文化表现形式相关的文化场所等。

2006 年 5 月 20 日，国务院审定公布了我国首批国家级非物质文化遗产，共有 518 项。2008 年 6 月 14 日，国务院审定公布了我国第二批国家级非物质文化遗产，共有 510 项，以及第一批国家级非物质文化遗产扩展项目名录共计 147 项。2011 年 5 月 23 日，国务院审定公布了我国第三批国家级非物质文化遗产共 191 项，国家级非物质文化遗产的拓展项目 164 项。目前，我国共有 1219 项国家级非物质文化遗产，其中：民间文学 125 项，传统音乐 155 项，传统舞蹈 111 项，传统戏剧 158 项，曲艺 114 项，传统体育、游艺与杂技 70 项，传统美术 109 项，传统技艺 212 项，传统医药 21 项，民俗 144 项。

（二）安徽的国家级非物质文化遗产

安徽的国家级非物质文化遗产主要涉及 10 大类 56 个项目，具体如下：

1. 民间文学

　桐城歌（2008，安徽省桐城市）

2. 传统音乐

　（1）当涂民歌（2006，安徽省当涂县）

（2）巢湖民歌（2006，安徽省巢湖市）
（3）五河民歌（2008，安徽省五河县）
（4）大别山民歌（2008，安徽省六安市）
（5）徽州民歌（2008，安徽省黄山市）
（6）道教音乐（2008，安徽省休宁县）
（7）凤阳民歌（2011，安徽省滁州市）
（8）唢呐艺术（2011，安徽宿州市）

3. 传统舞蹈

（1）花鼓灯（2006，安徽省蚌埠市、凤台县、颍上县）
（2）灯舞（2008，安徽省东至县；2011，安徽省无为县）
（3）火老虎（2008，安徽省凤台县）
（4）傩舞（2008，安徽省祁门县）

4. 传统戏剧

（1）青阳腔（2006，安徽省青阳县）
（2）岳西高腔（2006，安徽省岳西县）
（3）徽剧（2006，安徽省、黄山市）
（4）庐剧（2006，安徽省合肥市、六安市；2011，安徽省和县）
（5）黄梅戏（2006，安徽省安庆市；2011，安徽省黄梅戏剧院）
（6）泗州戏（2006，安徽省宿州市、蚌埠市）
（7）目连戏（2006，安徽省祁门县）
（8）池州傩戏（2006，安徽省池州市）
（9）坠子戏（2008，安徽省宿州市）
（10）文南词（2008，安徽省宿松县）
（11）花鼓戏（2008，安徽省宿州市、淮北市、宣城市）
（12）二夹弦（2008，安徽省亳州市）
（13）嗨子戏（2011，安徽省阜南县）
（14）淮北梆子戏（2011，安徽省宿州市、阜阳市）

5. 曲艺

（1）凤阳花鼓（2006，安徽省凤阳县）
（2）渔鼓道情（2011，安徽省萧县）

6. 传统体育、游艺与杂技

（1）马戏（2008，安徽省宿州市埇桥区）

（2）华佗五禽戏（2011，安徽省亳州市）

7. 传统美术

（1）徽州三雕（2006，安徽省黄山市）

（2）盆景技艺（2008，安徽省歙县）

（3）剪纸（2008，安徽省阜阳市）

（4）挑花（2008，安徽省望江县）

（5）竹编（2008，安徽省舒城县）

（6）柳编（2011，安徽省阜南县、霍邱县）

8. 传统技艺

（1）界首彩陶烧制技艺（2006，安徽省界首市）

（2）芜湖铁画锻制技艺（2006，安徽省芜湖市）

（3）万安罗盘制作技艺（2006，安徽省休宁县）

（4）宣纸制作技艺（2006，安徽省泾县）

（5）徽墨制作技艺（2006，安徽省宣城市绩溪县，黄山市歙县、屯溪区）

（6）歙砚制作技艺（2006，安徽省歙县）

（7）漆器髹饰技艺（2008，安徽省黄山市屯溪区）

（8）纸笺加工技艺（2008，安徽省巢湖市）

（9）宣笔制作技艺（2008，安徽省宣城市）

（10）绿茶制作技艺（2008，安徽省黄山市徽州区、黄山区）

（11）红茶制作技艺（2008，安徽省祁门县）

（12）徽派传统民居营造技艺（2008，安徽省黄山市）

（13）桑皮纸制作技艺（2008，安徽省潜山县、岳西县）

9. 传统医药

中医诊法（2011，安徽省黄山市）

10. 民俗

（1）灯会（2008，安徽省肥东县）

（2）抬阁（2008，安徽省寿县、临泉县）

（3）界首书会（2008，安徽省界首市）

（4）珠算（2008，安徽省黄山市屯溪区）

（5）庙会（2011，安徽省池州市九华山风景区）

十九、国家5A级旅游景区

（一）我国国家5A级旅游景区的发展

为了加强对旅游区（点）的管理，提高旅游区（点）服务质量，维护旅游区（点）和旅游者的合法权益，促进我国旅游资源开发、利用和环境保护，国家旅游局推出了《旅游区（点）质量等级的划分与评定》（GB/T 17775－2003），把旅游区（点）质量等级划分为四级，从高到低依次为AAAA（4A）、AAA（3A）、AA（2A）、A（1A）级旅游区（点）。面对当前国际国内的旅游形势，旅游景区要生存发展，景区的质量就要不断提升和改善，景区质量认证的等级就要进一步提升。为此，国家旅游局对旅游区（点）质量等级标准又进行了重要修改，并推出了AAAAA（5A）级的评定，希望旅游区（点）质量在现有基础上更上一层楼，进一步将自己打造成符合发展需要的名牌景区。2006年，国家旅游局公布了首批66个国家5A级旅游区（点）。截至2013年1月16日，我国共有国家5A级旅游景区153家。

表2-22　我国国家5A级旅游景区的分布

省份	个数	省份	个数	省份	个数	省份	个数
北京	7	上海	3	湖北	7	云南	6
天津	2	江苏	15	湖南	5	西藏	1
河北	5	浙江	10	广东	8	陕西	5
山西	3	安徽	6	广西	3	甘肃	3
内蒙古	2	福建	6	海南	4	青海	2
辽宁	3	江西	5	重庆	5	宁夏	3
吉林	3	山东	7	四川	5	新疆	5
黑龙江	3	河南	9	贵州	2	合计	153

（二）安徽的国家 5A 级旅游景区

截至 2013 年 1 月 16 日，安徽省共有国家 5A 级旅游景区 6 个，分别是黄山市黄山风景区（2007）、池州市九华山风景区（2007）、安庆市天柱山风景区（2011）、黄山市皖南古村落——西递·宏村（2011）、六安市天堂寨景区（2012）和宣城市绩溪龙川景区（2012）。

第三节　省级品牌旅游资源

一、省级风景名胜区

根据国务院发布的《风景名胜区管理暂行条例》，1987 年安徽省人民政府决定，将齐云山等 21 处风景名胜区列为第一批省级风景名胜区，其中琅琊山（1988）、齐云山（1994）、采石矶（2002）、巢湖（2002）、太极洞（2004）和花亭湖（2005）6 个风景名胜区先后晋升为国家级风景名胜区。1998 年安徽省人民政府审定公布了第二批省级风景名胜区，共 14 处。2012 年 4 月 9 日，安徽省人民政府批准设立龙川省级风景名胜区。目前，安徽省共有省级风景名胜区 30 处。

表 2-23　安徽的省级风景名胜区

	1987 年	1998 年	2012 年	合计
蚌埠	涂山－白乳泉（怀远县）	龙子湖		2
阜阳		颍州西湖		1
淮南	八公山（包括硖山口、茅仙洞）			1
宿州	皇藏峪（肖县）	五柳		2
合肥		合肥环城公园－西郊；紫蓬山		2
巢湖		汤池		1
六安	天堂寨（金寨县）；八公山（寿县）；南岳山－佛子岭水库（霍山）；万佛山（柱头尖）－龙河口水库（舒城县）	铜锣寨；大华山		6

	1987年	1998年	2012年	合计
安庆	浮山；白崖寨；小孤山	大龙山；司空山		5
滁州	凤阳山（包括凤阳山水库、韭山洞、禅窟洞等）			1
黄山	太平湖（黄山市）			1
芜湖	西山（南陵县）			1
马鞍山		濮塘		1
铜陵		凤凰山		1
池州	齐山－秋浦仙境（贵池县，包括齐山、万罗山、四岑水库、秋浦河、大王洞等）；石台溶洞群（石台县，包括蓬莱洞、紫云洞）	大历山		3
宣城	太平湖（泾县）；敬亭山（含龙泉洞、白云洞）	龙须湖	龙川	4
总计	17	14	1	30

注：第一批中的八公山和太平湖均为2市共有，这里每地各算1处。

二、省级地质公园

为有效保护、合理开发、永续利用地质遗迹资源，根据安徽省地质公园评审标准，2004年2月，经省首届地质公园评审委员会评审通过，省国土资源厅公布了安徽省3个首批省级地质公园，即牯牛降、石台溶洞群和明光女山，其中牯牛降当年就晋升为国家级地质公园。2007年2月，南陵县丫山省级地质公园经省国土资源厅专家组评审通过。2007年11月4日，九华山省级地质公园获批准。2009年8月20日，九华山晋升为国家级地质公园。2008年，芜湖市繁昌县马仁山地质公园顺利通过评审，被评定为安徽省省级地质公园。2009年6月17日，滁州市凤阳县韭山地质公园顺利通过评审，被安徽省国土资源厅评定为省级地质公园。2009年8月20日，韭山地质公园晋升为国家级地质公园。2011年8月19日，合肥市大蜀山一紫蓬山省级地质公园通过评审。2011年11月14日，安徽省国土资源厅批准建立安徽灵壁磬云山省级地质公园。

因而，目前安徽省共有 6 处省级地质公园，即石台溶洞群省级地质公园、明光女山省级地质公园、南陵县丫山省级地质公园、繁昌县马仁山省级地质公园、合肥市大蜀山一紫蓬山省级地质公园、灵壁磬云山省级地质公园。

三、省级森林公园

根据《森林公园管理办法》，省级森林公园一般要求：森林景观优美，人文景物相对集中，观赏、科学、文化价值较高，在本行政区域内具有代表性，具备必要的旅游服务设施，有一定的知名度。1992 年 7 月，安徽省林业厅在安庆市潜山县设立了金紫山省级森林公园。截至 2013 年 6 月，安徽省已经有省级森林公园 34 处（1994 年 11 月设立的芜湖市繁昌县马仁山省级森林公园，在 2007 年晋升为国家级森林公园，不在统计之列）。

表 2-24 安徽的省级森林公园

序号	名称	所在区域	批准时间
1	金紫山省级森林公园	安庆市潜山县	1992.7
2	燕山省级森林公园	六安市金安区	1992.11
3	小南岳省级森林公园	六安市霍山县	1993.10
4	茅仙洞省级森林公园	淮南市凤台县	1994.1
5	卧龙山省级森林公园	淮南市谢家集区	1994.1
6	铜都省级森林公园	铜陵市铜陵县	1995.1
7	天台山省级森林公园	池州市东至县	1995.1
8	高井庙省级森林公园	宣城市郎溪县	1999.3
9	东庵省级森林公园	巢湖市居巢区	1999.3
10	太白省级森林公园	马鞍山市当涂县	1999.12
11	白鹭岛省级森林公园	滁州市来安县	2002.4
12	南屏山省级森林公园	滁州市全椒县	2003.5
13	古黄河省级森林公园	宿州市砀山县	2003.12

续表

序号	名称	所在区域	批准时间
14	小格里省级森林公园	芜湖市南陵县	2004.12
15	龙眠山省级森林公园	安庆市桐城县	2006.7
16	大巩山省级森林公园	蚌埠五河县	2006.7
17	目连山省级森林公园	池州市石台县	2007.8
18	安阳山省级森林公园	六安市霍邱县	2007.8
19	五溪山省级森林公园	黄山市黟县	2007.9
20	庐州省级森林公园	合肥市庐阳区	2007.12
21	滨湖省级森林公园	合肥市包河区	2008.9
22	杉山省级森林公园	池州市石台县	2008.12
23	老嘉山省级森林公园	滁州市明光市	2009.2
24	大蜀山省级森林公园	合肥市蜀山区	2009.12.15
25	龙窝寺省级森林公园	滁州市来安县	2010.8.27
26	红琊山省级森林公园	滁州市南谯区	2011.7.7
27	相山省级森林公园	淮北市相山区	2011.8.11
28	笄山省级森林公园	宣城市广德县	2011.11.29
29	龙井沟省级森林公园	六安市裕安区	2011.12.21
30	丫山省级森林公园	芜湖市南陵县	2011.12.22
31	梅山省级森林公园	宿州市萧县	2012.3.21
32	茅田山省级森林公园	宣城市广德县	2012.10.15
33	阳岱山省级森林公园	宣城市广德县	2012.10.15
34	浮槎山省级森林公园	合肥市肥东县	2013.4.16

四、省级自然保护区

省级自然保护区是指在本辖区或所属生物地理界内，具有较高的科学、文化和经济价值以及休息、娱乐、观赏价值，并经过省级人民政府批准建立的自然保护区。安徽省 1982 年开始设立省级自然保护区。其中，歙县清凉峰省级自然保护区（1982）和绩溪清凉峰省级自然保护区（1986）于 2011 年 4 月 16 日捆绑晋升为国家级自然保护区。

目前，安徽省共有省级自然保护区30处。

表2-25 安徽的省级自然保护区

序号	名称	面积（公顷）	所在地	批准时间
1	皇甫山省级自然保护区	3600	滁州	1982
2	皇藏峪省级自然保护区	2067	肖县	1982
3	岭南省级自然保护区	2771	休宁	1995
4	十里山省级自然保护区	1936	黄山区	1995
5	板桥省级自然保护区	5000	宁国	1995
6	板仓省级自然保护区	1523	潜山	1995
7	万佛山省级自然保护区	2000	舒城	1995
8	沿江水禽省级自然保护区	120000	宿松、太湖、望江、枞阳、桐城、宜秀	1995
9	枯井园省级自然保护区	4000	岳西	2000
10	五溪山省级自然保护区	4050	黟县	2000
11	天湖省级自然保护区	4500	徽州区	2000
12	佛子岭省级自然保护区	6667	霍山	2000
13	沱湖省级自然保护区	4200	五河	2000
14	老山省级自然保护区	26876	贵池区	2001
15	十八索省级自然保护区	7500	贵池区	2001
16	九龙峰省级自然保护区	2720	黄山区	2001
17	查湾省级自然保护区	1600	祁门	2001
18	紫石塔省级自然保护区	6670	东至	2001
19	八里河省级自然保护区	14600	颖上	2001
20	东西湖省级自然保护区	14200	霍邱	2001
21	石臼湖省级自然保护区	10667	当涂	2001
22	砀山酥梨种质资源省级自然保护区	13980	砀山	2001
23	六股尖省级自然保护区	2747	休宁	2006

续表

序号	名称	面积（公顷）	所在地	批准时间
24	盘台省级自然保护区	668	青阳	2006
25	大方寺省级自然保护区	2080	宿州	2006
26	女山湖省级自然保护区	21000	明光	2006
27	颍州西湖省级湿地自然保护区	11000	阜阳	2008
28	泗县沱河省级自然保护区	2463	宿州	2012
29	砀山黄河故道省级自然保护区	2180	宿州	2012
30	萧县黄河故道省级自然保护区	3200	宿州	2012

五、省级历史文化名城（镇、村、街区）

安徽省历史悠久，文化遗存丰富，文物古迹较多。为切实保护好这些历史文化遗产，弘扬优秀传统文化，在省建设厅、省文物局组织专家等有关方面考察、评审的基础上，省政府批准先后公布了 11 个省级历史文化名城、12 个省级历史文化名镇、24 个省级历史文化名村、3 个省级历史文化街区。其中，省级历史文化名城中的安庆和绩溪，省级历史文化名镇中的肥西县三河镇和六安市金安区毛坦厂镇，省级历史文化名村中的黄山市徽州区唐模村、歙县棠樾村、黟县屏山村、黟县关麓村和休宁县黄村，省级历史文化街区中的黄山市屯溪老街均已成为国家级景区。目前，安徽省共有 9 个省级历史文化名城、10 个省级历史文化名镇、19 个省级历史文化名村、2 个省级历史文化街区。

表 2-26　安徽省的省级历史文化名城（镇、村、街区）名单

省级历史文化名城（9 个）	安庆桐城（1989）、黄山黟县（1989）、滁州市凤阳（1990）、亳州蒙城（1996）、亳州涡阳（1996）、安庆潜山（1996）、巢湖和县（1996）、池州贵池（1996）、宣城宣州（1996）
省级历史文化名镇（10 个）	休宁县万安古镇（1989）、泾县桃花潭镇（原陈村古镇，1989）、濉溪县临涣古镇（1996）、铜陵县大通古镇——和悦洲（1996）、宣城市宣州区水东镇（2006）、岳西县响肠镇（2006）、黄山市徽州区潜口镇（2006）、桐城市孔城镇（2006）、黄山市徽州区西溪南镇（2006）、亳州市谯城区城父镇（2006）
省级历史文化名村（19 个）	绩溪县龙川村（原大坑口）——湖村——磡头（1989）、绩溪县上庄——冯村（1989）、黄山市徽州区呈坎村（1996）、歙县许村（1996）、泾县黄田村（2006）、固镇县垓下村（2006）、黟县南屏村（2006）、泾县查济村（2006）、肥东县瑶岗村（2006）、蚌埠市蚌山区孙家圩子村（2006）、歙县雄村（2006）、休宁县右龙村（2006）、绩溪县石家村（2006）、肥西县小井庄村（2006）、歙县昌溪村（2006）、歙县瞻淇村（2006）、蚌埠市龙子湖区长淮卫村（2006）、肥西县启明村——新光村——鸽子笼村（2006）、凤阳县小岗村（2006）
省级历史文化街区（2 个）	东至县东流古街（1989）、五河县城关镇顺河街（2006）

六、省级文物保护单位

根据《中华人民共和国文物保护法》的有关规定，安徽省人民政府于 1981 年 9 月公布了首批 102 处省级重点文物保护单位。截至 2012 年年底，安徽省共公布了 708 处省级重点文物保护单位（名单略）。

七、省级非物质文化遗产

安徽是中华文明的重要发祥地之一，拥有众多珍贵的非物质文化遗产。这些非物质文化遗产具有深厚的群众基础，构成安徽特有的文化魅力，是安徽人民宝贵的精神财富和智慧结晶，也是中华文明的瑰宝。保护和利用好非物质文化遗产，对深入贯彻落实科学发展观，推进文化保护、文化精品、文化展示三大工程，建设文化强省，促进安徽省文化大发展大繁荣有着十分重要的意义。2006 年 12 月 27 日，经省政府批准，安徽省第一批省级非物质文化遗产名录正式公布，共有 10 个类别 83 个项目；2008 年 12 月 4 日，省政府批准了安徽省第二批省级非物质文化遗产名录（共计 90 项）和扩展项目名录（共计 10 项）；2010 年 7 月 19 日，省政府批准了安徽省第三批省级非物质文化遗产名录（共计 66 项）和扩展项目名录（共计 5 项）；而且，安徽省在公布第一批省级非物质文化遗产时，把第一批安徽省的国家级非物质文化遗产 19 项自动纳入名录范围；另外，2008 年公布的省级非物质文化遗产拓展名单中，传统美术——竹编、民俗——抬阁均在第一批名单中没有出现，补增 2 项。目前，安徽省共有省级非物质文化遗产 260 项（名单略）。

第三章　安徽的旅游市场

据统计，2011 年安徽全省接待入境游客 262.8 万人次，入境旅游收入 11.8 亿美元（不含旅游商品创汇），同比增长 32.48%和 66.49%；接待国内游客 2.25 亿人次，国内旅游收入 1814.99 亿元，同比增长 46.82%和 65.78%；旅游总收入 1891.6 亿元，同比增长 65.81%；占 GDP 比重达到 12.5%，各项指标高位运行，超额完成了年度目标任务。

第一节　入境旅游市场

一、安徽省入境旅游市场发展的历程

安徽省入境旅游的真正起步是在改革开放以后，由“中国热”吸引来华的早期游客，形成了安徽最初的入境旅游市场。历史上曾经到过安徽的老年人较多，希望对口交流或寻访故地，而单纯休闲观光者相对较少，对接待条件的要求也相对较宽。安徽各地精心推出了一批特色项目，如“文房四宝之乡”、“中医针刺麻醉”、“凤阳农村大包干发源地”等，适应了游客的探奇心理，掀起了早期的接待热潮。

33 年来，安徽的入境旅游市场是稳步增长的，接待人数年均增长 23.07%，旅游外汇收入年均增长 29.13%，远高于全国入境旅游接待增长幅度（全国这两项指标分别为 11.46%和 15.75%）。但是，安徽的入境旅游发展也不是一帆风顺的，期间也出现了几次波动。第一次是 1988 年，全省大旱，再加上黄山屯溪机场关闭扩建，来皖游客数量受到较大影响，入境旅游人数首次下滑；第二次是 1989 年，全国旅游业滑入低谷，安徽的入境旅游也受到严重影响，原定到黄山、九华山的

旅游团队纷纷退团，入境旅游人数再次下滑；第三次是1994年，受浙江千岛湖事件的影响，全国范围内，特别是浙江周边地区的入境人数都有所下滑；第四次是1998年，安徽遭遇了一场百年不遇的洪水，使入境游客急剧下跌；第五次是2003年，受“非典”疫情影响，入境旅游人数再次下滑。

表3-1　改革开放以来安徽省入境旅游业发展一览表

年份	入境游客人数（人次）	旅游外汇收入（万美元）	年份	入境游客人数（人次）	旅游外汇收入（万美元）
1979	3428	33.00	1996	174904	5800.40
1980	12726	104.30	1997	290366	8205.70
1981	13720	115.20	1998	184198	7036.05
1982	18809	107.90	1999	251183	9015.79
1983	30073	110.00	2000	318430	11296.45
1984	36655	116.30	2001	380852	13576.79
1985	38671	117.00	2002	459051	16022.46
1986	47111	128.00	2003	280819	11268.29
1987	59426	116.60	2004	500966	19000.00
1988	57557	167.00	2005	632895	24558.09
1989	38169	209.00	2006	803722	30053.42
1990	114504	586.00	2007	1064296	42400.48
1991	147950	1035.00	2008	1320947	45445.40
1992	150741	1418.50	2009	1561600	56583.90
1993	152558	1779.76	2010	1984174	82025.22
1994	114070	2481.29	2011	2628662	117918.11
1995	142855	4435.90			

资料来源：《安徽省志43（旅游志）》、历年《安徽统计年鉴》。

二、安徽省入境旅游市场的空间结构

（一）外国游客是安徽省入境旅游市场的主体

从表 3-2 可以看出，安徽省的入境旅游市场以外国游客为主，中国港澳台同胞为辅。2011 年，全省共接待外国游客 2628662 人，占接待入境游客总数的 57.73%，接待港澳台同胞 1111181 人，占 42.27%。但是，这一格局是逐渐变化的，2007 年，安徽省接待的外国游客比重达到最高值 69.86%，此后有逐年下降的趋势。

表 3-2　近年来安徽省入境旅游市场的构成

年份	入境游客人数（人）	外国游客		港澳台同胞	
		数量（人）	比重（%）	数量（人）	比重（%）
1990	114504	32669	28.53	81835	71.47
1994	114070	60311	52.87	53759	47.13
1995	142855	74626	52.24	68229	47.76
1996	174904	93777	53.62	81127	46.38
1997	290366	122424	42.16	167962	57.84
1998	184198	93795	50.92	90403	49.08
1999	251183	142408	56.69	108775	43.31
2000	318430	167850	52.71	150580	47.29
2001	380852	185813	48.79	195039	51.21
2002	459051	238845	52.03	220206	47.97
2003	280819	163974	58.39	116845	41.61
2004	500966	319705	63.82	181261	36.18
2005	632895	410580	64.87	222315	35.13
2006	803722	525968	65.44	277754	34.56
2007	1064296	743485	69.86	320811	30.14
2008	1320947	908195	68.75	412752	31.25
2009	1561600	977457	62.59	584143	37.41
2010	1984174	1173988	59.17	810186	40.83
2011	2628662	1517481	57.73	1111181	42.27

资料来源：历年《安徽统计年鉴》。

安徽省入境客源市场的这一构成与全国的格局是大相径庭的，见表 3-3。多年来，全国接待的港澳台同胞都占入境总人数的 80%以上，1990 年这一比重甚至达到 93.31%。从全国来看，外国游客所占比重有逐渐增加的趋势，从 1990 年的 6.69%增加到 2011 年的 20.02%，这说明我国的旅游市场发展渐趋成熟，过度依赖港澳台地区市场的局面将逐渐改观。目前，安徽省外国游客比重较大固然是好事，但这有违于旅游市场的距离衰减规律，今后安徽必须加大对港澳台地区市场拓展的力度，扩大港澳台地区市场的市场占有率。

表 3-3 全国、安徽省入境客源市场类别构成比较

年份	外国游客比重（%）		港澳台同胞比重（%）		年份	外国游客比重（%）		港澳台同胞比重（%）	
	安徽	全国	安徽	全国		安徽	全国	安徽	全国
1990	28.53	6.69	71.47	93.31	2003	58.39	12.44	41.61	87.56
1994	52.87	12.13	47.13	87.87	2004	63.82	15.53	36.18	84.47
1995	52.24	12.94	47.76	87.06	2005	64.87	16.84	35.13	83.16
1996	53.62	13.49	46.38	86.51	2006	65.44	17.78	34.56	82.22
1997	42.16	13.07	57.84	86.93	2007	69.86	19.80	30.14	80.20
1998	50.92	11.39	49.08	88.61	2008	68.75	18.71	31.25	81.29
1999	56.69	11.73	43.31	88.27	2009	62.59	17.35	37.41	82.65
2000	52.71	12.27	47.29	87.73	2010	59.17	19.53	40.83	80.47
2001	48.79	12.61	51.21	87.39	2011	57.73	20.02	42.27	79.98
2002	52.03	13.73	47.97	86.27					

资料来源：历年《安徽统计年鉴》、《中国旅游统计年鉴》。

（二）韩日市场是外国游客市场的主体

日本、韩国与我国同属东亚地区，同受汉文化圈影响，彼此交往密切。2011 年，我国接待韩国游客 418.54 万人，接待日本游客 365.82 万人，二者合计占全国外国游客总接待量 2711.20 万人的 28.93%。2011 年，安徽省接待韩国游客 55.17 万人，接待日本游客 16.16 万人，二者合计占全省外国游客接待总量的 47.00%。

表 3-4 1990 年以来安徽省外国游客市场分布格局 （单位：人）

年份	总计	日本	韩国	新加坡	美国	英国	法国	德国	俄罗斯
1990	31282	21005	—	1160	1700	535	497	617	261
1991	33408	18871	—	2348	2226	611	903	670	235
1992	31362	11518	—	3363	3585	719	844	985	446
1993	43909	13601	—	7552	4566	931	1249	1240	194
1994	58524	17733	3281	9766	5991	1182	1916	1834	273
1995	72795	18725	5578	12589	7060	964	1692	2115	195
1996	89706	18543	13502	15025	8883	1320	2277	2783	407
1997	118029	24913	13558	22507	11643	1678	2315	4623	194
1998	89968	29515	3716	11383	12318	2665	2379	3559	389
1999	138292	38918	17233	15293	15113	2598	2885	5241	456
2000	167850	47272	21659	16568	18456	3111	5836	4699	832
2001	185813	45729	21987	13819	23269	6439	7056	8752	1297
2002	238845	54194	27961	19051	36970	5822	7696	10411	2324
2003	163974	36327	27125	13056	15940	4073	3867	10097	1503
2004	319705	65040	49348	18007	42055	6411	10833	22206	2564
2005	410580	47040	188096	13392	37124	7639	13839	16012	1636
2006	525968	67087	227329	15055	48695	11446	16337	22194	3159
2007	743485	91846	333169	20289	62112	24389	24980	27351	10956
2008	908195	108842	415603	22118	75688	29769	28018	31422	11310
2009	977457	112856	359631	40336	84434	36908	44256	41073	16912
2010	1173988	135277	405538	43507	101700	49069	63837	52934	23990
2011	1517481	161563	551714	65644	134310	58742	73743	62912	30412

数据来源：历年《安徽统计年鉴》。

2005 年之前，日本一直是安徽省外国旅游者最多的客源国。但是，2005 年以来韩国市场超过了日本，逐渐成为安徽省最大的外国旅游市场。究其成因，首先应与九华山地藏王菩萨的来历有一定的关系。唐开元年间，新罗国（今韩国）高僧金乔觉渡海来到九华山修行，称地藏菩萨转世，他圆寂后，九华山被辟为佛教地藏菩萨的道场。其次，由于中国经济迅猛发展，韩国来中国商务洽谈、留学的人员越来越多。再次，中日关系是导致日本游客增速缓慢的主要原因。

三、安徽省入境旅游市场的消费结构

（一）国际旅游外汇收入构成

旅游业是一项由食、住、行、游、购、娱六要素构成的综合性和关联性都很强的社会性产业。对入境旅游市场消费结构现状进行分析，有利于针对存在的突出问题采取有效措施，优化旅游产业的部门结构，提高旅游业的经济效益。

表 3-5　近年来安徽省国际旅游外汇收入构成（单位：%）

年份		1999	2000	2001	2002	2003	2004	2005	2006	2007	2008	2009	2010	2011
长途交通	民航	24.7	14.1	16.9	16.3	16.6	13.8	19.1	21.1	33.9	33.8	18.2	15.1	23.7
	铁路	3.1	3.8	1.0	2.4	1.7	3.4	3.1	1.5	1.4	1.6	3.4	10.0	2.9
	汽车	2.8	3.3	2.5	1.2	1.85	0.6	1.5	1.1	2.2	2.3	4.5	7.8	2.9
	小计	31	21.9	29.2	19.9	24.55	17.8	25.2	24.3	39.4	39.8	30.1	32.9	31.2
游览		5.8	3.4	3.6	7.1	5.35	7.3	3.7	4.4	2.3	2.6	4.3	4.5	5.3
住宿		16.3	14.0	12.0	14.3	13.15	13.9	11.9	25.5	8.4	8.5	12.2	10.7	10.5
餐饮		9.9	12.5	10.2	10.0	10.1	6.5	9.8	14.7	7.2	7.4	8.9	9.6	7.4
商品销售		18.1	19.5	23.5	26.1	24.8	27.3	32.1	14.3	24.7	24.1	24.9	23.3	24.5
娱乐		4.8	6.5	5.6	5.9	5.75	5.4	6.1	6.2	2.5	2.7	4.8	5.9	7.2
邮电通信		3.0	5.3	4.6	4.2	4.4	3.2	3.4	1.9	5.3	5.0	4.6	2.3	2.1
市内交通		4.7	4.0	1.9	2.3	2.1	2.2	1.0	2.5	1.6	1.6	1.9	1.9	3.3
其他服务		6.4	12.9	9.4	10.2	9.8	16.4	6.8	6.2	8.6	8.3	8.3	8.9	8.5
总计		100	100	100	100	100	100	100	100	100	100	100	100	100

数据来源：历年《安徽统计年鉴》。

由表 3-5 可以看出，安徽省国际旅游外汇收入以长途交通所占份额最大，2011 年达到 31.2%，其中又以民航花销最大，占 23.7%；其次是商品销售，2011 年达到 24.5%；再者是住宿、餐饮，分别为 10.5%和 7.4%。这与全国国际旅游外汇收入构成基本一致。

纵向来看，长途交通、游览支出份额基本持平，住宿、餐饮、市内交通、邮电通信份额均有所下降，商品销售、娱乐和其他服务份额有所增加。总体来看，安徽省国际旅游外汇收入结构不断得到改善，有利于旅游产业结构的优化。但是，购物消费远低于发达国家 45%的平均水平。这说明安徽省对旅游商品的开发还有巨大的潜力，应加大旅游商品的研制开发、生产与宣传促销力度，提高旅游商品创汇水平。另外，娱乐消费所占的比重也比较低，有待于进一步提高。

（二）入境过夜旅游者消费情况

2011 年，我国入境过夜旅游者人均天花费 195.38 美元，其中外国游客 209.22 美元/人天、香港同胞 149.17 美元/人天、澳门同胞 115.92 美元/人天、台湾同胞 189.11 美元/人天。2011 年，安徽省入境过夜旅游者人均天花费 178.37 美元，低于全国平均水平，其中外国旅游者人均天花费只有 180.33 美元，远低于全国平均水平。

表 3-6 安徽省入境过夜旅游者人均天花费（单位：美元/人天）

年份	总体	外国游客	香港同胞	澳门同胞	台湾同胞
2005	173.72	173.40	177.10	171.56	173.86
2006	177.13	177.86	170.93	170.03	173.81
2007	184.79	188.93	167.02	122.22	180.73
2008	185.11	187.57	180.47	148.78	182.01
2009	181.66	179.26	191.68	191.27	189.83
2010	180.97	175.50	179.82	239.96	192.42
2011	178.37	180.33	152.36	171.30	167.41

资料来源：历年《旅游抽样调查资料》。

2011 年，上海市是入境旅游者人均天花费最多的地区，其外国旅游者人均天花费达到 249.14 美元，超过安徽 68.81 美元；香港同胞人均天花费达到 266.80 美元，超过安徽 114.44 美元；澳门同胞人均天花费达到 296.09 美元，超过安徽 124.79 美元；台湾同胞人均天花费达到

261.00 美元，超过安徽 93.59 美元。今后一段时间，安徽省必须认真研究，大力提升入境旅游者的消费能力。

四、安徽省入境旅游市场竞争态分析

对于一个给定的旅游区域来说，其市场分析主要涉及两个方面：一方面是客源地市场，即游客来自哪些国家或地区，这是旅游业接待的对象及旅游收入的来源；另一方面是目的地市场，即游客到哪些地区去游览，这是入境游客及旅游收入的空间再分配。区域旅游发展战略的制定必须全面认识、准确把握这两个市场。

令 x_i^t 为第 i 个分市场第 t 年的旅游统计量，则区域旅游的市场占有率 α_i 和增长率 β_i 为：

$$\alpha_i = \frac{x_i^t}{\sum_{i=1}^{n} x_i^t} \times 100\%$$

$$\beta_i = \frac{x_i^t - x_i^{t-1}}{x_i^{t-1}} \times 100\%$$

其中，旅游统计指标可以是入境客流量，也可以是国际旅游收入。

这里市场占有率反映了在激烈的市场竞争中所占据的地位和实力，市场增长率反映的是在激烈市场竞争中所表现出来的发展潜力，两者构成了市场分析和预测中的核心变量，该双指标组合 $\Omega_i(\alpha_i, \beta_i)$ 被称为“旅游市场竞争态”。在市场经济体制下，区域旅游发展战略的抉择是择优扶植，对客源地市场开拓的战略抉择是选择那些占有率高和增长率高的客源市场，加强媒体宣传和市场促销，以吸引更多游客前来观光、游览，获取更多旅游收入；对目的地市场（旅游区或景点）开发的战略抉择是选择那些占有率高和增长率高的旅游目的地，开发旅游资源、完善基础设施、提高服务水平、形成品牌效应、招徕更多游客、发展旅游经济。

在给定一对合适的阈值或划分标准（m，n）后，依据市场占有率 (α_i) 和增长率 (β_i) 可将区域旅游市场划分为明星、金牛、幼童和瘦狗四种市场类型，它们的划分依据、基本特征及战略方向见表3-7。

表3-7　四类市场的基本特征及战略方向

市场类型	划分依据	基本特征	战略方向
明星市场	$\alpha > m$ $\beta > n$	占有率和增长率双高，具有可观的获利和发展机会，但需要更多投资	扩张性战略，增大投资，扩大生产，保持市场增长率，提高占有率
金牛市场	$\alpha > m$ $\beta < n$	占有率高，增长率低，能大量回收资金，但市场趋于成熟和饱和	收获性战略，适量减少投入或不增加投入，以实现收益最大化
幼童市场	$\alpha < m$ $\beta > n$	占有率低，增长率高，是发展的新生力量和后备军，但方向不定，前途未卜	选择性战略，对有可能成为明星的进行培育，反之则放弃
瘦狗市场	$\alpha < m$ $\beta < n$	占有率和增长率双低，有某种难以克服的原因使其处于不景气状态	撤退性战略，减少投入，缩小规模，将资源转向其他市场

资料来源：孙根年：《新世纪中国入境旅游市场竞争态分析》，《经济地理》，2005，25（1）：121～125。

（一）客源地市场竞争态

为了便于分析，我们选择2007～2010年安徽省入境旅游市场进行分析，原始数据见表3-8。这里入境旅游市场的临界值取m=5%、n=30%进行市场划分，得出安徽省入境旅游市场竞争态格局。由表3-8可以看出，在入境旅游市场体系中，中国台湾、中国香港为典型的明星市场；韩国、日本、美国为相对成熟的金牛市场；中国澳门、法国为幼童市场；德国、英国、新加坡、俄罗斯为瘦狗市场。

表3-8　近四年来安徽省接待入境旅游人数一览表

	2007年	2008年	2009年	2010年	年均市场占有率	年均市场增长率
中国香港	10.9万人	13.56万人	20.54万人	29.20万人	14.67%	38.88%
中国台湾	19.65万人	24.78万人	33.15万人	44.65万人	24.17%	31.47%
中国澳门	1.54万人	2.93万人	4.72万人	7.17万人	3.23%	66.98%
日本	9.18万人	10.88万人	11.29万人	13.53万人	8.87%	13.80%

续表

	2007	2008	2009	2010	年均市场占有率	年均市场增长率
韩国	33.32 万人	41.56 万人	35.96 万人	40.55 万人	29.93%	6.76%
新加坡	2.03 万人	2.21 万人	4.03 万人	4.35 万人	2.50%	28.92%
美国	6.21 万人	7.57 万人	8.44 万人	10.17 万人	6.40%	17.87%
英国	2.44 万人	2.98 万人	3.69 万人	4.91 万人	2.77%	26.25%
法国	2.50 万人	2.80 万人	4.43 万人	6.38 万人	3.19%	36.66%
德国	2.74 万人	3.14 万人	4.11 万人	5.29 万人	3.02%	24.52%
俄罗斯	1.10 万人	1.13 万人	1.69 万人	2.40 万人	1.25%	29.70%

（二）目的地市场竞争态

入境游客在省内分布比较集中。2010 年，黄山市接待入境游客 1050301 人，占全省接待总量的 52.93%，其次池州市和合肥市各占 16.64%和 12.24%。对于安徽省入境旅游的目的地市场，我们以 2008～2010 年各地市接待入境旅游人数为原始数据（见表 3-9），计算各地市市场占有率和增长率。

表 3-9 近三年安徽省各地市接待入境游客情况

	2008 年	2009 年	2010 年	年均市场占有率	年均市场增长率
安庆市	25103 人	32010 人	44911 人	2.10%	33.76%
蚌埠市	13157 人	15869 人	17608 人	0.96%	15.68%
亳州市	5796 人	8352 人	9612 人	0.49%	28.78%
巢湖市	12386 人	14224 人	17269 人	0.90%	18.08%
池州市	138211 人	211621 人	330136 人	13.97%	54.55%
滁州市	26558 人	38230 人	43168 人	2.22%	27.49%
阜阳市	5761 人	5343 人	5125 人	0.33%	-5.68%
合肥市	147568 人	200346 人	242890 人	12.14%	28.29%
淮北市	6280 人	7316 人	8200 人	0.45%	14.27%
淮南市	11385 人	13325 人	16112 人	0.84%	18.96%
黄山市	810405 人	877094 人	1050301 人	56.26%	13.84%

续表

	2008年	2009年	2010年	年均市场占有率	年均市场增长率
六安市	7883人	10361人	15010人	0.68%	37.99%
马鞍山市	24752人	29124人	43567人	2.00%	32.67%
宿州市	6894人	8002人	8401人	0.48%	10.39%
铜陵市	10368人	12067人	15289人	0.78%	21.43%
芜湖市	51293人	59816人	94570人	4.23%	35.78%
宣城市	17147人	18500人	22005人	1.18%	13.28%

入境旅游目的地市场的临界值取 m=4%、n=20%进行市场划分，得出安徽省入境旅游目的地市场竞争格局。由表3-10可以看出，在入境旅游目的地市场体系中，池州、合肥、芜湖为典型的明星市场；黄山为相对成熟的金牛市场；滁州、安庆、马鞍山、铜陵、六安、亳州为幼童市场；宣城、蚌埠、巢湖、淮南、宿州、淮北、阜阳为瘦狗市场。

表3-10　安徽省入境旅游目的地市场竞争态（单位：%）

明星市场	金牛市场	幼童市场	瘦狗市场
池州（13.97，54.55） 合肥（12.14，28.29） 芜湖（4.23，35.78）	黄山 （56.26，13.84）	滁州（2.22，27.49） 安庆（2.10，33.76） 马鞍山（2.00，32.67） 铜陵（0.78，21.43） 六安（0.68，37.99） 亳州（0.49，28.78）	宣城（1.18，13.28） 蚌埠（0.96，15.68） 巢湖（0.90，18.08） 淮南（0.84，18.96） 宿州（0.48，10.39） 淮北（0.45，14.27） 阜阳（0.33，-5.68）

五、入境游客到安徽省旅游频率分析

《旅游抽样调查资料2012》显示：2011年，入境游客第1次来中国大陆的占29.5%，第2～3次来中国大陆的占26.2%，来中国大陆4次及以上的占44.3%；入境游客第1次到安徽的占75.9%，第2～3次来安徽的占18.7%，来安徽4次及以上的占5.4%。由表3-11可以看出，来安徽的入境游客重游率较低，以第1次来访为主。今后，安徽省要不断提高旅游服务质量，不断创新旅游产品类型，在吸引回头客上狠下功夫。

表3-11　入境游客到安徽旅游次数

年份	调查人数		次数构成（%）		
	（人）	（%）	第1次	第2～3次	≥4次
2005	1397	100	73.7	19.5	6.7
2006	806	100	73.2	21.7	5.1
2007	1174	100	75.6	24.4	——
2008	1016	100	75.4	19.8	4.8
2009	1016	100	75.3	17.7	7.0
2010	897	100	76.5	14.8	8.7
2011	1500	100	75.9	18.7	5.4

资料来源：历年《旅游抽样调查资料》。

六、入境游客对安徽旅游满意度分析

入境游客到安徽的重游率低，这与入境游客对安徽旅游的满意度是休戚相关的。

（一）入境游客对旅游服务质量的评价

《旅游抽样调查资料 2010》把入境游客对旅游服务质量的评价分为5个档次：最好（5分）、好（4分）、尚好（3分）、差（2分）、最差（1分）。结果显示：

➢ 2009年，入境游客对安徽省宾馆饭店的服务质量总体还是满意的，5分占66.0%，4分占24.6%，合计90.6%；

➢ 2009年，入境游客对安徽省餐饮的服务质量基本上满意，5分占53.1%，4分占33.2%，合计86.3%；

➢ 2009年，入境游客对安徽省交通的服务质量略有不满，5分占46.1%，4分占35.0%，合计81.1%；

➢ 2009年，入境游客对安徽省娱乐的服务质量很不满意，5分占38.7%，4分占41.9%，合计80.6%；

➢ 2009 年，入境游客对安徽省购物的服务质量也相当不满，5 分占 34.8%，4 分占 46.4%，合计 81.2%；

➢ 2009 年，入境游客对安徽省导游的服务质量总体还是认可的，5 分占 56.1%，4 分占 32.8%，合计 88.9%；

➢ 2009 年，入境游客对安徽省邮电通信的服务质量总体也是满意的，5 分占 54.3%，4 分占 31.2%，合计 85.5%。

表 3-12 2009 年入境游客对安徽省旅游服务质量的评价（单位：%）

宾馆饭店						餐饮					
小计	5 分	4 分	3 分	2 分	1 分	小计	5 分	4 分	3 分	2 分	1 分
100	66.0	24.6	7.8	1.5	0.1	100	53.1	33.2	11.1	2.3	0.3
交通						娱乐					
小计	5 分	4 分	3 分	2 分	1 分	小计	5 分	4 分	3 分	2 分	1 分
100	46.1	35.0	13.9	3.9	1.1	100	38.7	41.9	11.3	5.5	2.6
购物						导游服务					
小计	5 分	4 分	3 分	2 分	1 分	小计	5 分	4 分	3 分	2 分	1 分
100	34.8	46.4	13.5	4.4	0.9	100	56.1	32.8	7.2	2.9	1.0
邮电通信											
小计	5 分	4 分	3 分	2 分	1 分						
100	54.3	31.2	9.5	3.5	1.5						

资料来源：《旅游抽样调查资料 2010》。

今后，安徽省要大力提升旅游购物、娱乐以及交通的服务质量，努力使各方面的旅游服务达到入境游客满意的程度。同时，也要认识到满意和服务质量属于不同的概念。顾客可能认为企业组织所提供的服务质量是“好的”，但却并没有从享受服务的过程中得到满意。克朗普顿和麦凯认为：满意是从享受服务的过程中产生的一个心理上的结果，而服务质量仅仅涉及对服务本身的特性的判断。

（二）入境游客对旅游接待设施的评价

《旅游抽样调查资料 2010》把入境游客对旅游接待设施的评价分为 5 个档次：最好（5 分）、好（4 分）、尚好（3 分）、差（2 分）、最差（1 分）。结果显示：

- 2009 年，入境游客对安徽省宾馆饭店设施总体还是满意的，5 分占 61.2%，4 分占 27.1%，合计 88.3%；
- 2009 年，入境游客对安徽省餐饮设施略有不满，5 分占 49.4%，4 分占 34.5%，合计 83.9%；
- 2009 年，入境游客对安徽省交通设施也不甚满意，5 分占 45.2%，4 分占 36.1%，合计 81.3%；
- 2009 年，入境游客对安徽省娱乐设施很不满意，5 分占 36.4%，4 分占 43.9%，合计 80.3%；
- 2009 年，入境游客对安徽省购物设施相当不满，5 分占 35.7%，4 分占 46.4%，合计 82.1%；
- 2009 年，入境游客对安徽省游览/参观点总体还是满意的，5 分占 60.2%，4 分占 28.3%，合计 88.5%；
- 2009 年，入境游客对安徽省旅游景区厕所也不甚满意，5 分占 44.2%，4 分占 37.1%，合计 81.3%。

表 3-13　2009 年入境游客对安徽省旅游接待设施的评价（单位：%）

宾馆饭店						餐饮					
小计	5 分	4 分	3 分	2 分	1 分	小计	5 分	4 分	3 分	2 分	1 分
100	61.2	27.1	9.5	1.7	0.5	100	49.4	34.5	12.2	3.0	0.9
交通						娱乐					
小计	5 分	4 分	3 分	2 分	1 分	小计	5 分	4 分	3 分	2 分	1 分
100	45.2	36.1	13.9	3.9	0.9	100	36.4	43.9	12.7	4.7	2.3
购物						游览/参观点					
小计	5 分	4 分	3 分	2 分	1 分	小计	5 分	4 分	3 分	2 分	1 分
100	35.7	46.4	11.4	4.9	1.6	100	60.2	28.3	7.4	2.8	1.3
旅游景区厕所											
小计	5 分	4 分	3 分	2 分	1 分						
100	44.2	37.1	11.6	4.1	3.0						

资料来源：《旅游抽样调查资料 2010》。

今后，安徽省要全力完善旅游接待设施，提升购物、娱乐、旅游景区厕所、交通、餐饮等旅游接待设施的水准，使入境游客满意，增加重游率。

七、入境游客对安徽旅游资源的兴趣

2009年，入境游客对我国感兴趣的旅游资源中山水风光占52.5%、文物古迹占43.9%，民俗风情占37.7%，文化艺术占28.3%，饮食烹调占34.8%，医疗保健占11.9%，旅游购物占29.3%，海滩占9.3%，节庆活动占11.8%，其他占12.5%。比较而言，2009年，入境游客对安徽省感兴趣的旅游资源中山水风光、文物古迹有相对优势，民俗风情、文化艺术、饮食烹调、医疗保健、旅游购物、海滩、节庆活动均处弱势地位。

表3-14 安徽省入境游客对旅游资源的兴趣（单位：%）

年份	山水风光	文物古迹	民俗风情	文化艺术	饮食烹调	医疗保健	旅游购物	海滩	节庆活动	其他
2005	62.5	44.1	31.6	22.5	24.4	7.4	15.6	1.6	5.4	9.0
2006	63.3	36.8	25.9	19.4	27.0	7.9	13.0	1.0	6.8	10.4
2007	55.9	47.0	43.1	31.4	26.3	7.1	12.4	2.0	7.7	8.0
2008	63.5	48.8	40.0	21.9	20.3	6.5	16.4	4.8	7.4	11.5
2009	71.0	46.2	35.7	21.9	27.7	10.9	15.6	8.5	10.2	20.1

资料来源：历年《旅游抽样调查资料》。

安徽地处内陆地区，又是汉族聚集区，所以海滩、民俗风情处于弱势也可以理解。安徽拥有徽文化、桐城文化、三国文化、建安文化、淮河文化、佛教文化、道教文化等，应该加大对文化资源的活化利用；安徽菜由皖南、沿江、沿淮三种地方风味组成，其中皖南的徽菜是中国八大菜系之一，应该进一步挖掘安徽菜系，提升安徽饮食烹调的吸引力；徽州医学、华佗五禽戏、天柱养生功、郯庐断裂带温泉等都是医疗保健的很好卖点，应该加大宣传包装力度；要加大对旅游商品开发的力度，创新文化内涵，使旅游商品富有地方特色，从而提升旅游购物的比重；节庆活动既可以凝聚人气，也可以削减旅游的季节性，要加大发展力度，把黄山国际旅游节、摄影节、山地车大赛、旅游小姐大赛、安庆黄梅戏艺术节、马鞍山国际吟诗节、宣城文房四宝节、凤阳花鼓文化旅游节、淮南豆腐文化节、亳州养生文化旅游节、巢湖温泉文化节、合肥包公文化节、合肥龙虾节、铜陵青铜文化节、宿州埇桥马戏艺术节等办成颇具地方特色的节庆活动，提升安徽节庆活动对游客的吸引力。

八、入境游客对安徽旅游商品的兴趣

2009 年，入境游客对我国感兴趣的旅游商品中服装/丝绸占 39.5%，中成药/保健品占 21.4%，食品/茶叶占 46.7%，酒类/香烟占 19.8%，瓷器/陶器占 23.6%，文复品/字画占 19.6%，地毯/挂毯占 10.3%，首饰/珍珠占 19.0%，胶卷/电器占 6.8%，纪念品/工艺品占 38.0%。比较而言，2009 年，入境游客对安徽省感兴趣的旅游商品中，食品/茶叶、酒类/香烟、文复品/字画、纪念品/工艺品具有明显优势，瓷器/陶器、胶卷/电器略高于全国平均水平，地毯/挂毯、首饰/珍珠则低于全国平均水平。

表 3-15　安徽省入境游客对旅游商品的兴趣（单位：%）

年份	服装/丝绸	中成药/保健品	食品/茶叶	酒类/香烟	瓷器/陶器	文复品/字画	地毯/挂毯	首饰/珍珠	胶卷/电器	纪念品/工艺品
2005	19.3	13.0	54.5	10.5	15.2	21.2	4.8	11.4	2.4	41.5
2006	17.9	11.5	60.9	8.3	12.2	20.0	2.0	11.7	1.1	42.1
2007	19.8	11.4	63.7	26.2	19.8	17.0	2.0	7.8	1.3	43.8
2008	28.2	17.8	61.0	16.6	14.2	24.1	5.4	10.7	5.6	45.0
2009	20.3	13.9	61.9	25.4	24.5	25.9	9.4	17.4	7.8	46.2

资料来源：历年《旅游抽样调查资料》。

安徽茶叶历史悠久，茶类品种琳琅满目。中国十大名茶中就有黄山毛峰、六安瓜片、祁门红茶这三大名茶。另外，安徽名茶还有太平猴魁、屯溪绿茶、霍山黄芽、岳西翠兰、泾县特尖、涌溪火青、敬亭绿雪、休宁松萝、老竹大方、九华佛茶、舒城小兰花等，要进一步加大对茶叶的宣传利用，坚决打击假冒伪劣产品。其次，安徽也是一个有着光辉灿烂酒文化的省份，盛产美酒。中国八大名酒中，就有古井贡酒。另外，安徽名酒还有口子酒、百年迎驾酒、宣酒特贡、百年皖酒、老明光酒、文王贡、高炉家酒、种子酒、沙河王等，要加大对酒文化的挖掘与利用。再次，安徽的烟草也非常出名，譬如黄山系列、迎客松系列、皖烟系列、红三环系列、钟鼎系列、都宝系列等，也要加大宣传与利用。最后，安徽历史悠久，在皖南地区颇有文物价值的文复品、字画很多，要注意挖掘与利用。

九、安徽省入境旅游流分析

由表 3-16 可以看出，近年来途经我国其他目的地转往安徽的入境旅游者中，安徽省最多，上海、江苏、浙江其次，贵州、北京再次；途经安徽转往我国其他地区的入境旅游者中，前往上海、北京、江苏、浙江的最多，其次前往山东、广东、河南的也比较多。今后，安徽必须加大与这些地区的合作，互为市场、共拓市场，实现互赢的美好局面。

表 3-16　安徽省入境旅游流（单位：人）

	离开安徽将前往该地区					离开目的地前往安徽				
	2006 年	2008 年	2009 年	2010 年	2011 年	2006 年	2008 年	2009 年	2010 年	2011 年
调查人数	375	143	137	183	499	78	57	53	43	184
北京	28	82	28	16	83	1	1			1
天津	2	2	2	6				1		
河北		14		1			1			
山西			1	4			1		1	3
内蒙古										
辽宁				10	5			1		
吉林	1									
黑龙江										

续表

	离开安徽将前往该地区					离开目的地前往安徽				
	2006 年	2008 年	2009 年	2010 年	2011 年	2006 年	2008 年	2009 年	2010 年	2011 年
上海	148	4	42	46	94	4	9	5	4	
江苏	25		10	7	30	2		6	3	1
浙江	94		5	6	15	2			6	3
安徽	49	21	18	16	171	49	21	18	16	171
福建	2			1		1	1	3	2	
江西	4			4		1	4	7	1	4
山东		3	5	11	26		1			
河南	1				21	7				
湖北		16	23	13	6		3	1	3	1
湖南			1	14	1	1				
广东	12		2	7	25	1	1			
广西					14		1			
海南							1	1		
重庆				9			1			
四川	2			12			3			
贵州						7	7	7	1	
云南	1				1	1	1			
西藏										
陕西	5	1			7	1		3	5	
甘肃	1									
青海										
宁夏									1	
新疆										

资料来源：历年《旅游抽样调查资料》。

第二节　国内旅游市场

安徽的国内旅游活动，古代已渐发端，产生了众多游览胜地和游记名篇。其间，文人漫游、民间郊游等旅游活动，已成历代相沿的习俗。但现代大众旅游则是改革开放以后才得以迅速发展的。

一、安徽省国内旅游市场发展历程

改革开放以来，安徽省国内旅游业持续快速增长，2011 年接待国内游客 22535 万人，实现国内旅游收入 1814.99 亿元，分别是 1979 年的 609.05 倍和 24526.89 倍，年均增长 22.19%和 37.14%。

表 3-17　改革开放以来安徽省国内旅游发展情况一览表

年份	国内游客人数（万人次）	国内旅游收入（万元）	年份	国内游客人数（万人次）	国内旅游收入（万元）
1979	37.00	740.00	1996	1952.40	685000
1980	57.00	1130.00	1997	2145.3	919982
1981	80.00	1606.00	1998	2377.25	1130444
1982	90.00	1796.00	1999	2666.44	1343983
1983	110.00	2200.00	2000	2974	1504750
1984	134.00	2672.00	2001	3364	1749100
1985	432.00	8632.00	2002	3884	2029176
1986	687.00	13748.00	2003	3338	1871134
1987	769.00	15370.00	2004	4329	2499461
1988	780.00	15600.00	2005	4684	2889576
1989	890.00	17000.00	2006	6159	3876315
1990	1015.00	18500.00	2007	7849	5436824
1991	1055.00	14845.00	2008	9938	7002353
1992	1024.28	20436.35	2009	12268	8637842

续表

年份	国内游客人数（万人次）	国内旅游收入（万元）	年份	国内游客人数（万人次）	国内旅游收入（万元）
1993	1250.00	50000.00	2010	15349	10948100
1994	1400.00	67500.00	2011	22535	18149900
1995	1782.41	83813.98			

资料来源：《安徽省志 43（旅游志）》、历年《安徽统计年鉴》。

二、安徽省国内旅游目的地市场竞争分析

国内游客在安徽省内分布相对比较分散。2010 年，黄山市接待国内游客 2206.38 万人次，占 14.37%；合肥市接待国内游客 2101.74 万人次，占 13.69%；安庆市接待国内游客 1798.14 万人次，占 11.72%。安徽省国内旅游市场的竞争态，我们选取 2008～2010 年各地市接待的国内旅游人数来衡量。

表 3-18　近三年安徽省各地市接待国内游客情况（单位：万人次；%）

	2008 年	2009 年	2010 年	年均市场占有率	年均市场增长率
安庆	1199.51	1492.31	1798.14	11.96	22.44
蚌埠	646.33	765.21	905.21	6.17	18.34
亳州	233.71	332.41	477.13	2.78	42.88
巢湖	431.07	446.91	587.62	3.90	16.75
池州	797.60	1013.08	1383.49	8.51	31.70
滁州	414.09	502.97	615.44	4.08	21.91
阜阳	397.14	468.00	550.62	3.77	17.75
合肥	1340.77	1711.96	2101.74	13.73	25.20
淮北	250.64	295.30	335.46	2.35	15.69
淮南	433.38	520.19	600.41	4.14	17.70
黄山	1206.37	1710.17	2206.38	13.64	35.24
六安	475.98	454.85	650.17	4.21	16.87
马鞍山	430.00	535.61	750.89	4.57	32.15

续表

	2008 年	2009 年	2010 年	年均市场占有率	年均市场增长率
宿州	399.14	470.00	541.11	3.76	16.43
铜陵	300.08	355.54	410.27	2.84	16.93
芜湖	541.61	657.70	790.34	5.30	20.80
宣城	440.76	535.92	644.58	4.32	20.93

国内旅游目的地市场的临界值取 m=5%、n=20%进行市场划分，得出安徽省国内旅游目的地市场竞争格局。由表 3-19 可以看出，在国内旅游目的地市场体系中，合肥、黄山、安庆、池州、芜湖为典型的明星市场；蚌埠为相对成熟的金牛市场；马鞍山、宣城、滁州、亳州为幼童市场；六安、淮南、巢湖、阜阳、宿州、铜陵、淮北为瘦狗市场。

表 3-19　安徽省入境旅游目的地市场竞争态（单位：%）

明星市场	金牛市场	幼童市场	瘦狗市场
合肥（13.73, 25.20） 黄山（13.64, 35.24） 安庆（11.96, 22.44） 池州（8.51, 31.70） 芜湖（5.30, 20.80）	蚌埠 （6.17, 18.34）	马鞍山（4.57, 32.15） 宣城（4.32, 20.93） 滁州（4.08, 21.91） 亳州（2.78, 42.88）	六安（4.21, 16.87） 淮南（4.14, 17.70） 巢湖（3.90, 16.75） 阜阳（3.77, 17.75） 宿州（3.76, 16.43） 铜陵（2.84, 16.93） 淮北（2.35, 15.69）

三、安徽省国内旅游流

旅游流又称旅游客流，指旅游者借助交通工具从出发地到旅游目的地移动形成的客流。由旅游者、旅游节点（旅游地和客源地）和运输方式三要素构成。影响旅游流的因素包括：两地间的空间距离和交通便捷程度、旅游资源的吸引力、自然环境、文化观念、经济联系、对目的地的感知程度、旅游费用、接待服务设施的完备程度。

（一）流入安徽的旅游流

近 10 年来，安徽的国内游客来源十分广泛。安徽省内游客占 43.72%，江苏占 15.01%、浙江占 7.91%、上海占 6.14%，包括江浙沪皖三省一市的泛长三角地区合计占 72.78%。安徽省的国内旅游市场构成符合旅游客源市场距离递减规律，主要客源市场是本省市场和临近安徽省的江浙沪市场，而距离较远的广东、江西、北京次之，距离更远的西藏、青海、甘肃、新疆等市场极少。

表 3-20　近 10 年来安徽省国内游客构成（单位：%）

游客来处	年均	2009 年	2008 年	2007 年	2006 年	2005 年	2004 年	2003 年	2002 年	2001 年	2000 年
北京	2.15	1.56	1.71	2.00	1.83	2.08	2.42	2.44	2.59	2.44	2.45
天津	0.55	0.37	0.32	0.41	0.36	0.42	0.73	0.74	0.67	0.74	0.78
河北	1.34	1.26	1.61	1.46	1.18	1.82	1.13	1.16	1.29	1.16	1.35
山西	0.69	0.7	0.64	0.72	0.6	0.7	0.93	0.57	0.63	0.57	0.85
内蒙古	0.19	0.08	0.13	0.21	0.18	0.25	0.20	0.20	0.27	0.20	0.21
辽宁	0.73	0.54	0.6	0.65	0.77	0.78	0.78	0.78	0.72	0.78	0.9
吉林	0.39	0.29	0.3	0.44	0.29	0.52	0.43	0.44	0.47	0.44	0.26
黑龙江	0.52	0.42	0.36	0.49	0.44	0.51	0.61	0.62	0.55	0.62	0.62
上海	6.14	6.06	6.02	6.24	6.48	6.55	6.24	6.36	5.61	6.36	5.44
江苏	15.01	15	15.63	15.73	14.96	16.23	14.26	14.28	15.18	14.28	14.54
浙江	7.91	9.41	9.13	8.67	7.95	9.5	6.72	6.74	6.49	6.74	7.74
安徽	43.72	43.46	42.99	41.81	45.51	37.56	45.60	45.16	45.96	45.16	44.01
福建	1.73	2.06	1.79	1.81	1.74	1.79	1.56	1.60	1.57	1.60	1.78
江西	2.28	2.35	2.28	2.22	1.87	2.37	2.35	2.33	2.02	2.33	2.69
山东	3.62	3.54	3.61	3.80	3.16	3.68	3.54	3.91	3.2	3.91	3.89
河南	3.23	3.18	3.59	3.21	3.34	3.68	3.04	3.05	3.09	3.05	3.11
湖北	2.54	2.83	2.44	2.52	2.49	2.96	2.48	2.46	2.45	2.46	2.26
湖南	1.15	1.34	1.37	1.29	1.12	1.63	0.88	0.96	0.91	0.96	1.07
广东	2.51	2.23	2.14	2.61	2.45	3.25	2.45	2.46	2.67	2.46	2.37
广西	0.30	0.26	0.25	0.35	0.17	0.27	0.41	0.42	0.24	0.42	0.24

续表

游客来处	年均	2009年	2008年	2007年	2006年	2005年	2004年	2003年	2002年	2001年	2000年
海南	0.31	0.38	0.32	0.39	0.32	0.34	0.23	0.22	0.31	0.22	0.33
重庆	0.13	0.13	0.1	0.18	0.17	0.09	0.13	—	—	—	—
四川	1.06	0.78	0.88	0.97	0.84	1.21	1.06	1.20	1.32	1.20	1.16
贵州	0.16	0.13	0.18	0.17	0.13	0.33	0.07	0.07	0.16	0.07	0.24
云南	0.33	0.38	0.44	0.40	0.39	0.43	0.23	0.24	0.27	0.24	0.29
西藏	0.03	0.01	0.03	0.03	0.03	0.02	0.03	0.03	0.06	0.03	0.02
陕西	0.76	0.79	0.62	0.73	0.76	0.74	0.81	0.83	0.56	0.83	0.93
甘肃	0.19	0.19	0.18	0.12	0.21	0.02	0.28	0.29	0.22	0.29	0.07
青海	0.08	0.05	0.08	0.09	0.06	0.07	0.12	0.12	0.05	0.12	0.02
宁夏	0.06	0.07	0.07	0.09	0.03	0.04	0.10	0.07	0.05	0.07	0.02
新疆	0.19	0.13	0.18	0.20	0.17	0.16	0.20	0.19	0.16	0.19	0.28

资料来源：历年《安徽省国内旅游市场抽样调查统计》。

就10年间市场份额的变化来看，十大客源市场中，安徽省本省市场份额有下降趋势，由2001年、2002年的45.16%、45.96%降到2008年、2009年的42.99%、43.46%，也就意味着外省所占比重有所上升，譬如浙江省从2001年的6.74%增加到2009年的9.41%。这表明安徽省国内旅游市场结构渐趋合理。从游客流向看安徽省国内旅游市场的开发，安徽省国内旅游市场重点在省内市场和江苏、浙江、上海等周边地区，还要积极开发山东、河南、湖北、广东、江西和北京等有潜力的客源市场。

（二）流出安徽的旅游流

安徽省的国内游客下一步将前往的旅游地64.96%仍在安徽，11.48%将前往江苏、5.04%将前往浙江、4.23%将前往上海，在泛长三角地区流动的占85.71%。2007年以来，继续流入安徽的游客比重持续下降，而流入江苏、浙江、上海、山东、北京、福建、湖南、广东、云南等地的游客比重持续增加。今后一段时间内，安徽省必须加大省内联动力度，让游客更多地在省内流动。

表 3-21　近 10 年来安徽省国内游客去向（单位：%）

游客去处	年均	2009 年	2008 年	2007 年	2006 年	2005 年	2004 年	2003 年	2002 年	2001 年	2000 年
北京	1.37	1.1	1.08	0.94	1.14	1.57	1.42	1.64	1.68	1.64	1.53
天津	0.25	0.23	0.14	0.20	0.13	0.2	0.31	0.33	0.35	0.33	0.3
河北	0.58	0.74	0.88	0.68	0.54	0.85	0.30	0.38	0.54	0.38	0.55
山西	0.19	0.31	0.25	0.25	0.20	0.31	0.05	0.05	0.3	0.05	0.16
内蒙古	0.07	0.02	0.05	0.15	0.08	0.11	0.05	0.02	0.09	0.02	0.09
辽宁	0.29	0.32	0.19	0.30	0.28	0.36	0.31	0.31	0.35	0.31	0.21
吉林	0.11	0.11	0.08	0.18	0.06	0.11	0.05	0.05	0.24	0.05	0.18
黑龙江	0.13	0.22	0.13	0.15	0.10	0.11	0.05	0.05	0.22	0.05	0.18
上海	4.23	4.42	3.92	3.63	4.14	4.41	4.50	4.75	4.04	4.75	3.7
江苏	11.48	12.28	11.01	9.48	10.40	11.63	11.88	12.24	11.69	12.24	11.93
浙江	5.04	6.84	5.9	4.98	4.37	5.8	4.50	4.70	3.9	4.70	4.71
安徽	64.96	59.85	63.05	67.84	67.87	61.9	64.01	66.55	65.82	66.55	66.13
福建	0.94	1.72	1.56	1.18	1.03	1.17	0.41	0.44	0.85	0.44	0.62
江西	1.58	1.83	1.84	1.34	1.34	1.57	1.46	1.52	1.57	1.52	1.78
山东	2.07	2.4	2.36	2.10	2.04	2.31	1.80	1.89	1.7	1.89	2.22
河南	1.76	1.78	2.08	1.58	1.73	2.37	1.56	1.57	1.57	1.57	1.76
湖北	1.44	1.91	1.56	1.57	1.38	1.28	1.29	1.36	1.24	1.36	1.46
湖南	0.49	0.85	0.81	0.54	0.60	0.76	0.20	0.21	0.46	0.21	0.3
广东	1.13	1.23	1.16	1.16	1.07	1.53	0.91	0.94	1.53	0.94	0.87
广西	0.12	0.13	0.13	0.21	0.08	0.09	0.10	0.10	0.16	0.10	0.05
海南	0.14	0.27	0.23	0.17	0.17	0.22	0.03	0.03	0.14	0.03	0.12
重庆	0.06	0.09	0.03	0.11	0.07	0.02	—	—	—	—	—
四川	0.45	0.43	0.58	0.35	0.40	0.63	0.30	0.35	0.66	0.35	0.44
贵州	0.04	0.04	0.08	0.07	0.06	0.07	—	—	0.06	—	0.02
云南	0.17	0.3	0.27	0.17	0.16	0.27	0.07	0.07	0.19	0.07	0.12
西藏	0.02	0.01	0.04	0.03	0.03	0.02	—	—	0.03	—	—
陕西	0.31	0.37	0.28	0.28	0.36	0.25	0.30	0.31	0.25	0.31	0.41
甘肃	0.05	0.07	0.1	0.05	0.07	—	0.03	0.03	0.14	0.03	0.02

续表

游客去处	年均	2009年	2008年	2007年	2006年	2005年	2004年	2003年	2002年	2001年	2000年
青海	0.02	0.01	0.01	0.04	0.02	0.02	0.02	0.02	—	0.02	—
宁夏	0.02	0.02	0.04	0.04	0.02	0.02	0.02	0.02	0.02	0.02	—
新疆	0.05	0.1	0.14	0.09	0.06	0.05	—	—	0.03	—	—

资料来源：历年《安徽省国内旅游市场抽样调查统计》。

四、安徽省国内旅游者行为特征

（一）旅游动机

从表3-22可以看出，近10年来安徽省国内旅游者的旅游动机主要集中在休闲观光度假上面，平均占49.4%；其次是商务，占18.14%；再次是探亲访友，占13.09%。三者合计80.63%。纵向来看，探亲访友、宗教朝拜、会议的比重有所增加，商务的比重有所减少，而休闲观光度假、文化体育科技、健康疗养方面变化不大。

表3-22 安徽省国内旅游旅游者旅游动机（单位：%）

年份	休闲观光度假	探亲访友	商务	文化体育科技	健康疗养	宗教朝拜	会议	其他
2000	44.7	11.9	25.6	3	1.3	1.3	4.8	7.5
2001	49.9	12.2	20.8	2.9	1.2	1.5	4.1	7.4
2002	50.9	11	17.3	3.2	3.7	1.4	3.4	8.7
2003	49.9	12.2	20.8	2.9	1.2	1.5	4.1	7.4
2004	48.8	12.3	21.1	2.8	1.2	1.5	4.2	8
2005	47.8	12.4	17.8	3.5	2.3	2.0	4.5	9.7
2006	55.4	15.4	9.2	2.8	0.9	0.6	9.9	5.8
2008	46.6	14.8	16.9	3.2	2.0	2.0	6.8	7.7
2009	50.6	15.6	13.8	3.05	1.5	2.0	13.4	13.4
平均	49.40	13.09	18.14	3.04	1.70	1.53	6.13	8.40

资料来源：历年《安徽省国内旅游市场抽样调查统计》。

（二）旅游消费

1. 安徽省国内旅游人均花费

从表 3-23 的统计数据看，2000～2009 年 10 年间安徽省国内旅游人均花费 630 元。2000～2009 年国内旅游人均花费年均增长率 4.56%，其中，2000～2004 年年均增长率为 6.79%，2005～2009 年年均增长率为 3.37%，可见近 5 年安徽省国内旅游人均花费年均增长率与前 5 年相比明显减缓。就国内旅游花费构成来看，用年均值计算，市内外交通、住宿、餐饮占总花费的 51.29%，购物占 20.49%，娱乐和游览占 16.79%，可见食、住、行在安徽省国内旅游花费中的比重较大，超过总花费的一半。

表 3-23　近 10 年安徽省国内旅游人均消费一览表（单位：元）

年份	总花费	长途交通	住宿	餐饮	游览	娱乐	购物	市内交通	通信	其他	旅行社
2000	505.6	53.42	120.52	98.17	46.35	25.77	90.98	16.5	7.63	33.16	—
2001	521.15	46.79	120.96	96.72	53.61	22.27	95.03	15.33	5.01	36.62	47.28
2002	572.98	57.32	141.66	97.82	71.92	23.85	104.12	15.50	5.00	32.6	—
2003	521.15	46.79	120.96	96.72	53.61	22.27	95.03	15.33	5.01	36.62	—
2004	657.6	57.5	149.2	124.5	90.5	26.6	126.6	15.6	52.	43.0	37.8
2005	661.5	56.63	141.09	123.58	99.67	22.6	128.91	13.71	6.61	68.7	—
2006	660.49	47.78	138.76	124.43	95.39	32.14	129.34	17.25	5.89	69.51	—
2007	713.81	57.21	126.33	143.54	—	—	157.42	—	—	—	—
2008	730.6	56.2	130.8	149.2	87.7	42.9	178.8	16.0	5.1	17.1	—
2009	755.2	65.88	127.05	156.89	91.79	44.09	185.15	15.28	6.9	38.15	24.02
年均	630.0	54.6	131.7	121.2	76.7	29.1	129.1	15.6	11.0	41.7	36.4

资料来源：历年《安徽省国内旅游市场抽样调查统计》。

从表 3-24 可以看出，近 10 年来，安徽省国内旅游人均消费中，长途交通比重有所降低，从 2000 年的 10.57%降到 2009 年的 8.72%；住宿比重明显降低，从 23.84%降到 16.82%；餐饮比重略有增加，从 19.42%增加到 20.77%；游览比重有所增加，从 9.17%增加到 12.15%；

娱乐比重略有增加，从 5.10%增加到 5.84%；购物比重大幅增加，从 17.99%增加到 24.52%；市内交通比重略有降低，从 3.26%降为 2.02%；通信比重也有所降低，从 1.51%下降到 0.91%。

表 3-24 近十年安徽省国内旅游人均消费结构（单位：%）

年份	总花费	长途交通	住宿	餐饮	游览	娱乐	购物	市内交通	通信	其他	旅行社
2000	100	10.57	23.84	19.42	9.17	5.10	17.99	3.26	1.51	6.56	
2001	100	8.98	23.21	18.56	10.29	4.27	18.23	2.94	0.96	7.03	9.07
2002	100	10.00	24.72	17.07	12.55	4.16	18.17	2.71	0.87	5.69	—
2003	100	8.98	23.21	18.56	10.29	4.27	18.23	2.94	0.96	7.03	—
2004	100	8.74	22.69	18.93	13.76	4.05	19.25	2.37	7.91	6.54	5.75
2005	100	8.56	21.33	18.68	15.07	3.42	19.49	2.07	1.00	10.39	—
2006	100	7.23	21.01	18.84	14.44	4.87	19.58	2.61	0.89	10.52	—
2007	100	8.01	17.70	20.11	—	—	22.05	—	—	—	—
2008	100	7.69	17.90	20.42	12.00	5.87	24.47	2.19	0.70	2.34	—
2009	100	8.72	16.82	20.77	12.15	5.84	24.52	2.02	0.91	5.05	3.18

资料来源：历年《安徽省国内旅游市场抽样调查统计》。

2. 安徽省各市国内旅游人均花费

从安徽省整体看，安徽省国内旅游人均花费随着旅游业的发展不断增长，但是增长速度相对较慢。从安徽省各市的人均花费来看，旅游发展较快的皖南城市黄山、池州和省会合肥及沿江城市芜湖、安庆，人均花费在全省各市中排名位居前列，其中黄山在 2001 年到 2009 年 9 年中有 7 年排名第一，黄山市年均人均花费 964.81 元。2006 年池州第一，池州年均排名第二，年均人均花费 824.58 元。2009 年合肥第一，合肥年均排名第三，年均人均花费 795.37 元。芜湖年均人均花费 785.06 元，在安徽省各市中排名第四。皖北城市淮北、宿州、蚌埠排名靠后，年均人均花费分别为 427.35 元、433.29 元和 355.24 元，其中蚌埠年均人均花费在安徽省排名最后。马鞍山、铜陵、宣城、阜阳、亳州居于中间位置，年均人均花费分别为 556.71 元、545.75 元、515.16 元、483.61

元和 475.52 元。

表 3-25 安徽省各地市国内旅游人均花费览表（单位：元）

年份	2001	2002	2003	2004	2005	2006	2007	2008	2009	年均
合肥	636.73	679.36	636.73	833.7	644.4	713.89	943.78	931.1	1138.67	795.37
芜湖	556.08	668.71	556.08	816.2	832.7	765.62	833.40	991.9	1044.84	785.06
蚌埠	258.06	313.05	258.06	315.8	354.8	332.03	382.49	503.0	479.87	355.24
淮南	458.26	562.64	458.26	375.1	501.4	413.18	473.58	490.5	510.52	471.49
马鞍山	545.34	561.86	545.34	603.1	670.5	506.18	505.10	562.0	510.95	556.71
淮北	252.28	285.44	252.28	602.6	606.3	427.49	358.59	551.7	509.5	427.35
铜陵	380.36	401.08	380.36	526.1	547.7	606.5	689.33	701.5	678.85	545.75
安庆	554.55	585.66	557.08	625.7	681.3	695.64	700.96	712.7	795.70	656.59
黄山	936.47	902.80	936.47	1064.6	1170.0	713.44	1051.43	1045.6	862.5	964.81
滁州	264.78	316.67	264.78	361.1	413.3	497.1	660.26	684.4	672.74	459.46
阜阳	327.03	465.58	332.45	490.2	500.4	548.72	558.83	635.5	493.8	483.61
宿州	401.87	403.94	401.87	254.4	338.8	407.38	526.61	570.4	594.31	433.29
巢湖	417.3	393.12	417.30	293.3	306.0	387.8	567.25	532.0	605.72	435.53
六安	338.07	337.45	338.07	441.5	450.7	478.67	512.78	517.7	712.31	458.58
亳州	445.06	434.55	445.06	410.4	448.8	449.59	466.10	543.5	636.59	475.52
池州	635.07	660.13	635.07	817.8	831.7	845.79	997.22	1000.8	997.67	824.58
宣城	322.15	323.75	322.15	367.9	426.0	663.85	728.66	677.7	804.32	515.16

资料来源：历年《安徽省国内旅游市场抽样调查统计》。

从时间变化动态来看，人均花费增长率最快的是滁州市和宣城市，年均增长率分别为 12.36%和 12.12%；较快的是六安、淮北、芜湖、蚌埠、合肥、铜陵。其中：六安、淮北、蚌埠年均人均花费在各市中排名靠后，人均花费较少，但其增长率较快，有发展潜力；芜湖、合肥人均花费较高，同时增长率较快；黄山人均花费比较高，但是增幅一直很小，2009 年不增反降，低于 2001 年花费水平；马鞍山人均花费多年来变化不大，2009 年也低于 2001 年水平，值得特别关注。

（三）逗留时间

旅游者在目的地的停留时间在促进当地旅游经济发展中起着重要作用。近年来，安徽省国内游客的平均逗留时间只有 1.84 天，而且有逐渐减少的趋势，从 2000 年的 2.32 天减少到 2009 年的 1.49 天。纵观安徽省 17 个城市，所有的逗留时间均呈减少趋势，低于 2000 年水平。这与交通的日益发达有着密切的关系。今后安徽省应该加大力度，丰富旅游产品的类型与层次，努力延长游客的停留时间，以增加旅游经济效益。

表 3-26　安徽省各地市国内旅游人均逗留时间（单位：天）

年份	2000	2001	2002	2003	2004	2005	2006	2007	2008	2009	2010	平均
总计	2.32	2.11	2.74	1.76	1.70	1.60	1.63	1.64	1.52	1.49	1.78	1.84
合肥	2.93	2.88	2.94	2.43	2.20	1.46	2.05	2.45	1.39	1.32	2.14	2.20
淮北	1.97	1.75	2.57	1.88	2.14	1.54	1.25	0.99	1.16	1.05	1.87	1.65
亳州	1.82	2.17	2.35	1.73	1.44	1.85	1.64	1.44	1.44	1.46	1.96	1.75
宿州	1.73	1.89	2.49	1.55	1.30	1.12	1.54	1.03	1.03	1.04	1.95	1.52
蚌埠	2.19	1.84	2.51	1.79	1.54	1.45	1.43	1.39	1.31	1.39	1.97	1.71
阜阳	2.17	2.28	2.47	1.64	2.03	1.28	1.46	0.91	1.38	1.29	2.03	1.72
淮南	2.16	2.97	3.25	1.75	1.31	1.70	0.98	1.04	1.06	0.99	1.68	1.72
滁州	2.13	1.99	2.82	1.41	1.62	1.69	1.78	1.44	1.46	2.13	1.65	1.83
六安	2.56	2.34	2.67	1.97	1.95	1.69	1.74	1.86	2.03	2.15	1.72	2.06
马鞍山	2.24	2.12	2.81	1.81	1.64	1.65	1.12	1.12	0.93	0.88	1.70	1.64
巢湖	2.11	1.69	2.68	1.25	1.09	1.02	1.17	1.67	1.32	1.11	1.70	1.53
芜湖	2.00	1.88	2.81	1.70	1.67	1.88	1.36	1.50	1.54	1.98	1.79	1.83
宣城	2.46	1.71	2.36	1.35	1.09	1.50	1.84	1.78	2.01	2.06	1.74	1.81
铜陵	1.99	1.66	2.39	2.03	1.47	1.39	1.51	1.87	1.48	1.66	1.82	1.75
安庆	2.46	2.09	2.83	1.65	1.47	1.35	1.36	1.37	1.45	0.75	1.64	1.67
池州	2.04	1.58	2.54	1.70	1.76	1.36	1.40	1.36	0.76	1.38	1.67	1.60
黄山	2.63	2.21	3.13	1.84	1.98	2.10	2.14	2.44	2.31	1.77	1.57	2.19

资料来源：历年《安徽统计年鉴》。

五、安徽省国内旅游者构成分析

（一）身份构成

安徽省国内旅游者构成就身份构成而言，城镇居民占绝大多数，2000 年到 2010 年一直占到 90%左右，平均 90.75%，非城镇居民平均占 9.25%，可见城镇居民是安徽省国内旅游游客的主力军。但是非城镇居民人口众多，应是今后安徽国内旅游市场开拓的重点。

表 3-27 安徽省国内旅游者城镇与非城镇居民构成（单位：%）

年份	2000	2001	2002	2003	2004	2005	2006	2007	2008	2009	2010
城镇	89.2	91.5	91.7	91.0	91.0	90.7	90.6	90.4	90.6	90.6	90.9
非城镇	10.8	8.5	8.3	9.0	9.0	9.3	9.4	9.6	9.4	9.4	9.1

资料来源：历年《安徽统计年鉴》。

（二）职业构成

安徽省国内旅游者的职业主要包括公务员、企业管理人员、军人、服务销售人员、农民、专业人员、离退休人员、学生等。就各部分构成比例看，企管人员比重最大，达到 26.01%；其次是公务员和服务销售人员，分别占 17.31%和 16.15%；再次是工人和专业人员，分别为 10.03%和 9.83%；最后为学生、离退休人员、农民、军人，分别为 4.84%、3.96%、2.89%、1.72%。

表 3-28 安徽省国内旅游者职业构成（单位：%）

年份	公务员	企管人员	军人	工人	服务销售人员	农民	专业人员	离退休人员	学生	其他
2000	21.4	25.4	1.3	10.5	20.5	4.7	9.0	4.3	2.9	—
2001	16.2	24.5	1.8	11.3	16.5	3.7	11.1	3.7	4.7	7
2002	12.28	24.8	1.58	10.96	18.59	2.47	12.49	4.54	4.63	7.56
2003	16.2	24.5	1.8	11.3	16.5	3.7	11.1	3.7	4.7	7
2004	16.01	24.68	1.79	11.33	16.8	3.73	10.56	3.67	4.67	6.76
2005	13.4	28	1.6	7.4	15.3	1.9	9.1	4.6	0.02	0.03

续表

年份	公务员	企管人员	军人	工人	服务销售人员	农民	专业人员	离退休人员	学生	其他
2006	15.5	25.8	1.8	11.3	13.7	2.2	9.0	4.3	4.0	12.3
2007	26.2	27.2	2.2	9.2	13.3	2.5	11.0	4.2	4.2	4.2
2008	24.0	30.8	1.9	9.3	15.0	2.0	10.2	3.5	3.3	—
2009	15	29.7	1.6	8.4	15.7	2.1	9.0	3.3	4.2	11
2010	14.2	20.7	1.5	9.3	15.8	2.8	5.6	3.7	15.9	10.5
平均	17.31	26.01	1.72	10.03	16.15	2.89	9.83	3.96	4.84	6.03

资料来源：历年《安徽统计年鉴》。

今后，安徽省要加大离退休人员的市场份额，随着老龄化社会的到来，这部分群体不容忽视；另外，2010 年第六次人口普查结果表明，我国目前居住在乡村的人口为 67415 万人，占总人口的 50.32%，而且近 10 年来安徽的国内游客中非城镇人口只占 9.25%，这部分群体也不容忽视，要有针对性地加大宣传力度。

（三）年龄构成

安徽省国内旅游者就其年龄构成来看，主要集中在 25～44 岁和 45～64 岁两个年龄段，二者占到总人数的 86.39%。其中 25～44 岁的占 61.91%，45～64 岁的占 24.48%，65 岁以上的占 2.39%，14 岁以下的仅占 0.16%，15～24 岁的占 11.06%。可见，安徽省国内旅游者就年龄而言主要集中为青年和中年人。

表 3-29 安徽省国内旅游者年龄结构（单位：%）

年份	2001	2002	2003	2004	2005	2006	2007	2008	2009	平均
65 岁以上	1.9	2.0	1.9	1.87	3.8	2.8	2.67	2.3	2.19	2.39
45～64 岁	22.83	23.26	22.8	22.89	20.7	24.41	24.24	26.12	23.08	24.48
25～44 岁	62.42	61.08	62.4	62.39	64.5	61.75	62.08	60.17	63.47	61.91
15～24 岁	12.7	12.94	12.7	12.72	10.8	10.8	10.8	11.28	11.11	11.06
14 以下	0.15	0.7	0.1	0.15	0.1	0.25	0.21	0.13	0.15	0.16

资料来源：历年《安徽省国内旅游抽样调查统计数据》。

第三节　出境旅游市场

安徽省组织中国公民自费出境旅游业务起步较晚。1991 年 6 月，为满足广大归侨、侨眷及安徽省内公民去泰国、中国香港地区探亲旅游的需要，进一步发展安徽的旅游事业，经安徽省人民政府批准，由安徽省中国旅行社开办“中国公民赴泰国、中国香港地区旅行”业务，规定凡参加该旅行团者，一般应由其在泰国、中国香港地区的亲友到泰国中国旅行社或中国香港地区中国旅行社办理担保手续。同年，安徽省中国国际旅行社、安徽省中国旅行社、安徽省中国青年旅行社经安徽省旅游局批准，分别成为中国国际旅行社总社、中国旅行社总社、中国青年旅行社总社在安徽省的代理社。1993 年，中国金桥旅游总公司委托安徽旅游发展公司代办安徽公民自费出境旅游业务。至此，初步形成安徽省国、中、青旅及发展公司四家二类社（受总社委托）代办安徽省内中国公民自费出境旅游业务的局面。截至 1993 年 9 月，安徽省国、中、青三社共组织出境游人数 1164 人。

为保障安徽省出境旅游业务健康有序地开展，安徽省旅游局于 1995 年 6 月转发国家旅游局、监察部、国务院纠正行业不正之风办公室文件，明确指出：出境旅游工作由国家旅游局归口管理，未经国家旅游局批准的任何机构，不得办理出境旅游业务，未经旅游主管部门授权，任何旅游企业不得从事异地办照业务，对违反规定的，坚持查禁，严肃处理。对经批准开办出境旅游的旅行社，明确规定目的地国家为新加坡、马来西亚、泰国、菲律宾。

安徽省旅游局于 1993、1994、1995 年连续下发中共中央、国务院严格禁止公费旅游的有关规定，结合安徽实际，指导、帮助旅行社增强政治责任感，端正经营思想，严格组织中国公民自费出境旅游的管理工作，严格审核制度，要求各代理社防止异地申请、滞留不归及公费旅游，并在出具的收费单据上一律加盖“自费旅游不作报销凭证”印章。

自 1991 年安徽省开展出境旅游业务以来，在安徽省旅游局和安徽省公安厅的联合管理下，出境旅游业务取得较大发展，宣传了安徽的改革开放，密切了与海外华侨、港澳台同胞的关系，增进了民间往来，发展了地方经济，促进了安徽省旅游事业的发展。2000 年，安徽省出境旅游人数达到 5140 人，2006 年突破 10 万，2007 年超过 16 万，2008 年、2009 年有所下降，2010 年和 2011 年又开始回升。

表 3-30　安徽省国内居民出境旅游人数（单位：人）

年份	2000	2001	2002	2003	2004	2005	2006	2007	2008	2009	2010	2011
人数	5140	12233	18331	28364	70471	64806	110378	162653	125714	93523	127800	139225

资料来源：历年《安徽省统计年鉴》。

2000 年到 2007 年安徽省出境旅游人数逐年增长，年均增长率为 63.81%，从 2000 年的 5140 人增加到 2007 年的 162653 人。受世界范围内金融危机的影响，2007 年到 2009 年安徽省出境人数下降，年均减少 24.17%。由此可见，安徽省出境旅游市场的发展并不是一帆风顺的，安徽省出境旅游市场还很脆弱，需要加强部门之间协调，形成统一管理出境旅游的工作机制，依法规范出境旅游管理。引导安徽省旅游者消费高品质的境外旅游产品，提高旅游中的生态环境保护意识，增强其境外旅游的自我保护能力和应变能力，促使安徽省出境旅游与对外开放同步发展。

第四章 安徽的旅游产品

旅游产品是指旅游经营者提供给旅游者购买的完整的旅游经历，它所包含的吃、住、行、游、娱、购等六大要素，均与旅游资源有密切关系。从旅游目的地的角度出发，旅游产品是指旅游经营者凭借着旅游吸引物、交通和旅游设施，向旅游者提供的用以满足其旅游活动需求的全部服务。从旅游者角度出发，旅游产品就是指游客花费了一定的时间、费用和精力所换取的一次旅游经历。

第一节 观光旅游产品

观光旅游是指以观赏自然风光、城市风光、名胜古迹为目的的旅游，通过观光游览获得美的享受和身心的愉悦，这是世界上最古老、最常见、最基本的旅游类型。其特点是：知名度高、吸引力大的旅游目的地成为旅游热点；旅游者以观赏、游览为主，流动性大；旅游者在目的地逗留时间不长，且重游率低；旅游者消费水平不高，对价格比较敏感，旅游活动自由度大；受气候影响较大，旅游季节性十分明显。

一、安徽观光型旅游产品发展现状

目前，观光旅游产品是最受国内旅游者欢迎的产品，也是最为重要的旅游产品，它是未来安徽旅游谋求更大发展的基础。从安徽旅游资源的赋存条件来看，安徽具有独特的自然观光旅游产品和文化观光旅游产品，且两者完美结合。旅游者在安徽除了感受名山、秀水之美外，还可以感受到底蕴丰厚的徽文化。

（一）自然风光观光产品

安徽省名山秀水众多，境内地貌类型丰富多样，有丰富的自然观光旅游资源，“两山一湖”旅游区、天柱山风景区、琅琊山风景区、齐云山风景区、长江、淮河、巢湖、花亭湖、万佛湖、岱山湖、武昌湖等等。其中，“两山一湖”旅游区是安徽省的拳头产品。

（二）城市风光观光产品

作为一定领域内的政治活动中心、经济金融中心、科技教育中心、文化教育中心、交通枢纽，城市几乎集中了开展旅游活动必需的一切条件，使其成为常见的旅游密集地带。因而说，城市是旅游业的重要载体和游客集散地。安徽省的合肥、铜陵、芜湖、亳州以及马鞍山均有各自的城市特色。铜陵的铜文化，马鞍山的钢文化，芜湖的娱乐文化，亳州的酒文化、医药文化，都为这些城市发展城市旅游提供了独特的优势。亳州古井镇自古以来为酿酒业兴隆之地，除文明遐迩的全国酒厂外，大小酒厂近百家，素有“十里酒乡”、“百家酒厂”之誉。合肥、芜湖等城市要大力利用城市景观、购物步行街、城市夜景、各类文化设施，充分挖掘社会旅游资源，增加旅游产品的科技和文化含量。

（三）名胜古迹观光产品

名胜古迹是人类在不同历史时期创造的宝贵文明遗产。与人类的户内教育并列的户外历史文化教育，大多由名胜古迹来承担。前往这些名胜古迹游览可以增长知识，享受艺术创造，增强爱国、爱人类的意识。安徽的名胜古迹非常丰富，见表 4-1：

表 4-1 安徽省名胜古迹分类

名人故居	吴樾故居、张乐行故居、冯玉祥故居、张治中故居、王稼祥故居、王步文故居、胡适故居、刘禹锡故居、吴敬梓故居、李鸿章家族住宅等
古民居、古牌坊	黟县程氏宅、许国石坊、堂樾牌坊群、西递古民居、宏村古民居、潜口古民居等
名亭、古塔	醉翁亭、丰乐亭、廉泉亭、玩鞭亭、扶疏亭、广教寺双塔、振风塔、万佛塔、法华禅庵塔等

续表

寺观、祠庙	化城寺、琅琊寺、寿县清真寺、西风禅寺、淮北显通寺、禹王宫、龙川胡氏祠堂、合肥城隍庙及思惠楼、陈铎祠、桐城文庙、霍山文庙、霸王祠、虞姬祠等
古遗址	银山猿人遗址、和县猿人遗址、凌滩古文化遗址、柳孜隋唐大运河遗址、淝水之战古战场遗址、薛家岗新时期文化遗址等
古墓葬	包公墓、明皇陵、曹氏家族墓群、李白墓、范蠡西施墓、灵壁虞姬墓等
名馆、名园、名古建	安徽省博物馆、古井酒文化博物馆、安徽名人馆、皖南事变烈士陵园、徽园、李家圩庄园、花戏楼、曹操运兵道等

名胜古迹观光产品不能只是走马观花地看一看，必须挖掘它深刻的文化内涵，与文化背景相结合。否则，孤立的景观就失去了教育的意义。

二、安徽观光旅游产品存在的问题

（一）观光型旅游产品以静态为主，缺乏参与性

安徽省的旅游产品以静态展示为主，游客则以观赏、听讲解为主，而亲自参与的活动很少。产品与游客之间的互动性活动缺乏，只有少部分重点观光旅游产品推出了一些互动性的活动，大部分产品很少有互动性的活动。这样会降低游客的兴趣，减少游客的重游率，无形中也会损失一部分旅游经济效益。今后，观光旅游产品开发只有本着参与性、互动性的目的，才能使游客流连忘返。

（二）观光旅游产品初级化，缺少与其他类型产品的联系

安徽省的观光旅游产品目前主要以山水观光为主，名胜古迹观光则很少，并且这种产品只停留在观光的层次上，而没有向更深层次挖掘，即没有挖掘出它的文化内涵。这种处在低层次的观光产品所产生的旅游经济效益远远不如深层次挖掘内涵的旅游产品大。产品与产品之间缺少联系，尤其是观光产品和文化产品之间，二者各自为政，没有充分发挥整体效应。

（三）观光旅游产品的吸引结构不平衡

观光旅游注重开发、完善对大尺度旅游者吸引力较强的品牌和主打产品，而忽视了中小尺度旅游者的需求，观光旅游产品的吸引结构表现出严重的不平衡。此外，还造成观光旅游开发中重视境外市场的需求，而轻视占旅游主体的国内游客观光旅游需求的局面。

（四）观光旅游产品开发没有实现产业化

安徽的观光旅游资源虽然很丰富，但是产业化的组织结构滞后，观光旅游产品的开发主要以政府行为为主，没有相应的产业规范，发展的规模和效果也不尽如人意。

三、安徽观光旅游产品发展的方向

（一）观光旅游产品层次提升

安徽的观光旅游产品以自然观光和名胜古迹观光为主，且只停留在观光的层面上，需要向深层次挖掘观光中的文化内涵，将徽文化、酒文化、钢文化、药文化等以更清晰的方式呈现在观光产品中，将观光旅游与文化旅游结合，以内涵打动旅游者，提升观光旅游产品的魅力，维持其持续的吸引力。在观光产品的结构上，要注重城市风情观光的开发，提升城市魅力。

（二）增加观光旅游产品体验性

伴随着体验经济的到来，加之旅游本身就是一种体验活动，现在旅游者更加关注旅游体验，而旅游体验的核心在于参与。游客是旅游产品的消费者和创新者，旅游经历就是游客参与旅游活动的过程。在旅游活动中，游客与旅游产品、当地居民及其他游客之间产生互动行为，从而完成自己独特的旅游体验。游客旅游活动的参与程度与体验效果直接相关，参与程度越高体验效果就越好，反之则越差。安徽省的旅游产品以静态展示为主，参与性不足，互动性缺乏。今后观光产品应该更加关注产品的体验性，设置一个“大舞台”，使旅游者成为“表演者”，激起他们的情感体验，使其沉醉其中，从而得到满足，进而心甘情愿地为如此美妙的心理感受支付一定的费用，形成一段美好的回忆，提高重游率。

（三）整合全省观光旅游产品

传统观光旅游具有替代性和季节性。就全省来看，为了削弱各个地区之间的替代性，应该从全局角度进行布局规划。按地理区划对不同地区的观光旅游产品赋予不同的内涵和主题，譬如：皖南部分——“两山一湖”世界遗产之旅、精彩皖江之旅、“徽杭古道”穿越之旅、皖南“黄金三角”之旅、“金银铜铁”之旅；皖中部分——大别山—天柱山红色山水之旅、环巢湖动感时尚之旅、大琅琊山水之旅；皖北部分——淮河风情之旅、多彩文明之旅等。

第二节　休闲度假旅游产品

休闲度假是利用假日外出、以休闲为主要目的和内容、进行令精神和身体放松的休闲方式。随着中国经济持续不断的发展，人们的旅游观念也发生了重大改变，越来越多的人已经厌倦了走马观花式的观光旅游，转而开始爱上以休闲、放松和娱乐为主的休闲度假旅游。

一、安徽省休闲度假旅游产品的类型

（一）温泉休闲度假旅游产品

《2008 年度安徽省地质环境公报》显示，安徽地热资源主要分布在沿江地区、皖中盆地、皖西北地区、皖南及大别山区，已发现的地热田水温大多为温热水或温水，少数为热水，可供开发利用的温泉 13 个、地热钻孔 28 个，可供开发利用温泉的城市包括阜阳、淮南、滁州、巢湖、安庆、黄山、六安、池州，已开发利用的有巢湖半汤、庐江东汤池、和县香泉、黄山汤口、屯溪醉温泉、岳西睡佛山温泉等。

（二）湖泊休闲度假旅游产品

安徽省湖泊旅游资源丰富，且均匀分布于全省各个地区，例如黄山的太平湖，六安的万佛湖，安庆的花亭湖，蚌埠的龙子湖，淮南的焦岗湖，铜陵的天井湖，阜阳的颍州西湖，合肥的巢湖、岱山湖等。安徽省湖泊型旅游度假区主要分布在合肥经济圈和皖南地区。这种地

域分布格局是在自然地理状况、经济发展水平、客源市场分布三个方面的影响下形成的。

（三）森林休闲度假旅游产品

30 多年来安徽省森林旅游区的发展都以观光旅游为主，这对于发展休闲度假旅游来说有以下问题：过度开发和不合理规划导致森林环境质量下降，自然景观吸引力减弱；部分地方领导对发展森林旅游所带来的社会效益、经济效益和生态效益认识不足，缺乏信心，导致森林休闲度假旅游发展缓慢；休闲度假旅游产品单一、缺乏创意、项目雷同，难以吸引和留住度假者；规划设计思想有误，忽视了自然森林资源才是森林度假旅游的真正吸引物，而不是新建的人工建筑物；森林旅游消费水平低，景区的收入主要靠门票、导游和一些娱乐项目，经济效益不佳，公园建设资金短缺；某些森林景区在旅游高峰期出现人满为患的现象，如黄山国家森林公园，“黄金周”期间游客数量大大超出景区的生态承载力，对环境造成了一定的污染和破坏；基础设施简陋，接待能力差，市场竞争力弱，专业人才缺乏，管理和服务水平不高。

（四）山地休闲度假旅游产品

安徽省山地旅游资源类型多样，适合开展各种山地旅游活动。从目前山地旅游开发的产品看，以观光产品为主，山地休闲度假旅游产品开发不足，山地文化体验产品和山地运动项目较少，山地文化产品中又以宗教文化产品为主。安徽山地旅游资源度假产品开发中，在景点建设上休闲要素考虑不足，开发形式单调，文化内涵挖掘不够，参与性不强。另外，基础设施建设相对滞后，度假酒店规模小，档次低，而且缺少高档次的大型购物和娱乐场所，管理和服务水平有限。

（五）乡村休闲度假旅游产品

安徽省乡村旅游资源丰富，现阶段安徽乡村度假旅游产品的开发缺乏总体规划，局部分布不均衡，重复建设，盲目兴建人造景观，参与型、度假型旅游产品缺乏等现象突出；产品缺乏创新，未形成特色品牌；休闲度假功能不强，旅游吸引力薄弱；且乡村休闲度假在管理上缺乏专业素质较高的管理人员，导致经营管理落后，服务意识淡薄。

（六）城市休闲度假旅游产品

安徽省的城市休闲业在省委、省政府的大力支持下，得到了快速的发展。合肥着力推动区域特大城市的建设，黄山努力打造现代国际旅游城市，淮北、宁国等地也掀起了创建“中国优秀旅游城市”的活动。然而，现阶段安徽省城市休闲度假氛围不浓，特色不鲜明，休闲产品开发的深度不够；低档产品较多，缺乏高档次的特色产品；休闲配套设施不完善；从业人员整体水平、娱乐场所环境、产品质量还需改善；产品辐射范围较小。

（七）自驾车休闲度假旅游产品

随着旅游方式由观光向休闲度假方向的转变，安徽省自驾车旅游也蓬勃发展起来，但是仍然是一种不成熟的新兴旅游产品和旅游活动方式，在开发运作过程中还存在着一些问题。首先，自驾车旅游配套设施及服务落后。自驾旅游者的安全和权益保障机制不太健全，救援系统不太健全；公路网不够完善；车辆维修、信息咨询服务、道路标志不够方便等。其次，自驾车旅游产品不够丰富、比较单一，观光产品在自驾车旅游产品中的比重较大，缺乏体验性娱乐项目和适合夜晚进行的项目。再次，管理欠规范化、专业化，服务不够完善。

二、安徽省休闲度假旅游产品的开发

为了迎接休闲度假时代的到来，安徽省应该端正认识、大力开发休闲度假旅游产品。

（一）景区景点定位向休闲转变

景区景点要强化休闲度假意识，整体规划目标、品牌形象定位、具体部位建设都要符合休闲度假旅游的要求和特点。一个定位不准确的旅游景区，不可能在市场中获得竞争优势，也不可能取得经营上的成功。比如毛集焦岗湖，以万亩芦苇荡为招牌，以田野风光、农家风情为特色，大打“生态休闲”牌，着力打造生态旅游度假区，定位就很好。又如黄山，是世界级的观光旅游目的地，也有潜力成为高级度假胜地，要成为度假胜地，单单靠美丽的山川水色是不够的，还要增添温泉、娱乐等度假元素，资源要向多样化方向增加。

（二）线路产品设计向体验转变

观光旅游时代的旅行社总是希望在设计线路时能让游客把所有的景点都玩遍，游客非常辛苦。休闲度假类游客更注重精神上的放松和享受，不再满足于走马观花式的旅游方式，这就要求线路设计趋于短线，向深度化发展。当前，为了顺应游客需求的转变，旅行社开始推出一大批深入体验的线路，如：东南亚全线游被泰国一地、中国港澳地区、新加坡—马来西亚的短线所取代；而在欧洲游市场，一国和三至五国的线路组合，也打破了原来全欧洲线路一统天下的局面。同时，国内休闲游也是花样百出，许多旅行社都推出了海南、华东休闲游，浓缩景点精华，让人们充分享受休闲乐趣。

（三）旅游接待设施建设向舒畅转变

休闲度假旅游是享受型旅游，景区酒店等接待设施要适应这一变化，增强舒适性。休闲度假旅游的出行方式主要为自助游和家庭式出游，为此要增强通畅性。当前，我们在硬件设施建设上还有不小的差距，景区条件普遍简陋，星级酒店尤其是高星级酒店数量偏少，加油站、停车场等设施还不配套，度假旅游接待设施离安全性、美观性、耐久性、实用性、国际性、保护性、合理性、方便性、真实性、环保性要求还很远。

（四）服务质量向人性化转变

休闲度假旅游是高级阶段的旅游形式，游客普遍成熟，消费理性，对服务质量要求很高。对消费者来说，休闲度假产品形成元素的重要性是按照旅游资源—旅游设施—旅游服务来排列的，服务是最终最高的买点，也是使“头回客”成为“回头客”的主要因素。以人为本是休闲度假旅游服务的原则，满足游客的个性化要求是休闲度假旅游服务的终极目标。

（五）总体发展向城乡互动转变

现在城市老年人资金相对充足又有时间，年轻人越来越追求生活质量，休闲度假旅游的需求已普遍产生，并呈快速发展势头。与此同时，农民对到城市休闲度假的需求也越来越多，如果说现在农民只是以生产者的身份介入旅游，那么有朝一日农民不但是生产者，同时也是消费者，这个市场就不可限量，这是一个趋势。为此，不仅要研究、探讨三四亿城里人休闲度假旅游的现在，还要关注城乡互动、全民休闲的未来。①

第三节　文化旅游产品

文化旅游是指通过某些具体的载体或表达方式，提供机会让旅客鉴赏、体验和感受旅游地地域文化的深厚内涵，获得富有文化内涵和深度参与旅游体验的旅游活动的集合，例如民族宗教活动、民间体育赛事、风味小吃的品尝以及地方音乐、戏曲舞蹈等。文化旅游可分为以下四个层面，即以文物、史记、遗址、古建筑等为代表的历史文化层，以现代文化、艺术、技术成果为代表的现代文化层，以居民日常生活习俗、节日庆典、祭祀、婚丧、体育活动和衣着服饰等为代表的民俗文化层，以人际交流为表象的道德伦理文化层。开展文化旅游不仅可以增强产品吸引力、提高经济效益，还可大力弘扬安徽文化，让世界了解安徽。

一、安徽文化旅游产品的发展现状

（一）古城文化

"草木皆兵"、"风声鹤唳"、"鸡犬升天"的故事都发生在安徽的古城之中。安徽有国家级的历史文化名城5座、省级历史文化名城9座，在众多历史文化名城的基础上可以开发"亳州文化访古游"、"寿州千年古城游"、"徽商寻根游"等一系列文化旅游产品。开发古城、古镇文化旅游资源，是快速工业化和城市化背景下，人们脱离城市"钢筋混凝土世界"、回归远古和自然的必然选择。所以，古城文化旅游的开发可以提升安徽的旅游形象，丰富安徽旅游产品的层次和内容，不断创造新的卖点。同时，开发专项观光、修学、科考旅游

① 江山：《贯彻科学发展观 大力推进安徽休闲度假》，《旅游调研》，2008，2。

产品等项目，还可以起到优化安徽旅游产品结构，增加安徽旅游吸引力的作用。

（二）遗产旅游

遗产是人类需要保存的事物，遗产旅游被视为文化旅游的核心内容。安徽省有世界非物质文化遗产 1 项、世界文化遗产 1 项、世界文化与自然双遗产 1 项、国家文化与自然遗产 2 项、国家非物质文化遗产 56 项、省级非物质文化遗产 260 项。尤其是徽州建筑，反映了安徽建筑和文化的完美结合。安徽古建筑历史悠久，可以追溯到旧石器时代。安徽省依托众多的古建筑遗址，可开展名人故居、墓地游等怀古旅游和修学旅游产品，充分挖掘和利用安徽深厚的文化底蕴，使旅游者在获得愉悦的旅游体验的同时，提高知识水平，增加旅游过程的含金量。在“徽州古建游”这一旅游产品中，旅游者不仅可以看到古建筑，而且可以体味古建筑所蕴含的深厚文化底蕴，增加对安徽建筑历史发展过程的了解。

（三）工艺美术、书画艺术和地方戏曲

安徽的工艺美术、书画艺术和地方戏曲在全国都享有盛誉。安徽是“文房四宝”的发源地和重要产地之一。宣纸、宣笔、徽墨、歙砚以其工艺精湛、风格独特、品种丰富多彩而闻名于海内外。徽州“三雕”与徽州经济和文化紧密相连，“三雕”艺术既避开了当时营造法规的限制，又达到了装饰精美和结构美的和谐统一。此外，芜湖铁画、阜阳剪纸、龙舒贡席也享誉全国。徽剧是京剧的前身，黄梅戏、庐剧、花鼓戏在全国各大剧种中有很高的地位，这些剧种的许多优秀剧目深受广大群众的喜爱。在此基础上可以设计出“文房四宝宣州之旅”、“黄梅戏艺术探究之旅”等一系列文化产品。

（四）节庆活动和饮食文化

举办各种文化节，文化搭台，经贸唱戏，是改革开放带来的一道新的风景线。如安徽省每年举办的黄山国际旅游节、淮南市的国际豆腐节、铜陵市的中国青铜文化节、马鞍山市的国际吟诗节、安庆市的中国黄梅戏艺术节、巢湖市的牡丹观赏节和蒙城黄牛节、歙县枇杷节、芜湖菊花节、琅琊山散文节、凤阳花鼓节等。还有安徽花鼓灯会、九

华山庙会、芜湖广济寺庙会、滁州琅琊山庙会、怀远禹王庙会等丰富多彩的文艺活动和经贸活动，令广大旅游观光者大开眼界。

徽菜，发源于黄山麓下的徽州府，素以烹制山珍海味著称，系全国八大菜系之一。徽菜在烹调方法上有独特之处。它选料精良，擅于烧、炖、煎、炒等，具有“三重”特点，即重油、重酱色、重火工。菜肴形态朴实，芡大油重，朴素实惠，原汁原味，香气四溢。徽菜历史悠久，现在推陈出新，深受国内外宾客欢迎。

（五）民俗风情

安徽民俗众多，风情浓郁。皖南文风昌盛，人文景观璨若繁星。这里的古风、古俗、古趣别具一格。“抬阁”、“跳钟馗”、“舞板龙”，精彩纷呈；“抛绣球”、“哭嫁”、“背新娘”，妙趣横生；还有高雅别致的徽州茶道、宗祠堂会等。贵池傩戏则被誉为“中国戏曲活化石”。皖中古迹众多，花鼓戏、黄梅戏闻名中外，双条鼓、泗州戏、倒七戏杂剧流行；豆腐节，吟诗会，祭包公等活动典雅隆重。皖北沃野千里，民风粗犷、豪爽，斗鸡、斗鹌鹑、旱马、剪纸等，无不具有鲜明的地方色彩。

（六）文博展馆

博物馆、纪念馆是陈列、展示、宣传人类文化和自然遗存的重要场所，是国民教育体系的重要组成部分。2008 年 1 月 23 日，中共中央宣传部、财政部、文化部、国家文物局联合下发了《关于全国博物馆、纪念馆免费开放的通知》（中宣发[2008]2 号），安徽省被列为全国首批博物馆免费开放的 7 省（区）之一，全省文化、文物系统归口管理的 41 家博物馆、纪念馆及全国爱国主义教育基地于 2008 年 3 月底前全面开放。

（七）文学旅游

在文化旅游和遗产旅游类型的产品开发中，文学旅游受到了旅游者的广泛偏好。文学旅游常常与作家及其创作的辉煌巨著有关。“李白乘舟将欲行，忽闻岸上踏歌声。桃花潭水深千尺，不及汪伦送我情”这首流传千古、妇孺皆知的不朽之作，是李白游泾县桃花潭后，感谢汪伦送别深情的一首诗。因此，桃花潭成为踏寻李白遗迹的地方。安徽省的文学家、诗人很多，由此而产生的文学旅游产品也很多，如滁州市醉翁亭、和县刘禹锡的陋室、池州的杏花村、含山县的褒禅山等等。可以策划推出“李白仙踪寻访游”、“兰亭修学游”、“桐城文化之旅”等一系列文化旅游产品。

二、安徽文化旅游产品存在的问题

（一）文化旅游产品的开发处在初级阶段，下游产品规模小，种类少

文化旅游的开展虽然取得了一定的成绩，产品的种类也较多，但部分产品长期保持几十年不变的现状，有老化现象，这与现代游客求新、求异的旅游心理有差距。此外，文化旅游对其他产业的推动作用也不明显，相应的下游产品生产规模小，种类少，产品雷同、单调，缺乏创新，且产品质量参差不齐。更主要的是文化旅游产品大部分没有开发出来，即使是已开发的也没有发挥出应有的效果。

（二）文化旅游产品未能与景点有效结合，难以形成旅游吸引物

文化资源向文化旅游产品的转化，本身有较大的难度。关键在于寻找合适的转化载体。某些重要的文化历史景观难以物化，也就是找不到载体，或者是载体还没有挖掘出来，使本来丰富的文化旅游产品成了空中楼阁，难以形成吸引物。

（三）文化旅游资源产业化的内涵挖掘不够

安徽省的文化旅游产品丰富多样，但由于挖掘不够，加上开发、推介不够，没有成为游客游览过程中必不可少的活动。如果本着游客参与性、可视性、娱乐性、教育性等要求，并在解说系统、文字说明等方面进行针对性的配套，充分挖掘其内涵，不仅可大大提高安徽旅游的文化含量，而且在增加过夜游客、提高重游率、促进旅游经济收入等方面均会有较大的推动作用。

三、安徽文化旅游产品发展的方向

文化旅游的核心在于创意，创意的本质在于寻求特色和差异，与旅游的本质一致。一般旅游主要从资源的角度出发寻找差异和特色，

不管其挖掘过程是否考虑了市场需求和竞争关系，着眼点仍不能脱离资源。文化旅游则在一定程度上摆脱了资源的束缚，它能够综合各种因素，包括资源、环境、市场、社会背景等诸多方面进行创造，亦即创意。离开了创意，文化旅游亦将失去生命力。安徽省文化旅游创意发展可以从如下角度考虑：

➢ 皖南：无梦徽州；徽商励志；徽菜速成班；九华禅修；青铜文明；芜湖梦幻天地；钢铁时代；追随诗仙李白；青龙湾太虚幻境。

➢ 皖中：大别山岁月；黄梅戏中人；我是桐城派；儒林外史；醉梦琅琊；逍遥大合肥；做客包公府。

➢ 皖北：大地庄园；雕塑艺术之城；老庄故里；魏晋风骨；五禽戏修炼；焦岗湖、王家坝淮河人家；第一个敢吃螃蟹的人；朱元璋家访。

第四节　生态旅游产品

生态旅游是以吸收自然和文化知识为取向，尽量减少对生态环境的不利影响，确保旅游资源的可持续利用，将生态环境保护与公众教育同促进地方经济社会发展有机结合的旅游活动。

一、安徽生态旅游产品发展的现状

生态旅游作为一种回归人自然的旅游，正在成为发展迅猛、受人欢迎的旅游类型。在长三角地区快速工业化、城市化的大背景之下，生态旅游愈加富有了特殊的含义。安徽省生态旅游的开发目前还处在附属、配角和自发性的地位。

安徽省的生态旅游资源非常丰富，境内有国家级的森林公园 30 处、省级森林公园 34 处；国家级的自然保护区 7 个、省级的自然保护区 30 个；国家级地质公园 11 座、省级地质公园 6 座；国家湿地公园 12 座。安徽省的颍上县被国家确定为生态环境示范区，有小张庄、八里河 2 个“生态环境保护全球 500 佳”，那里有浓郁的田园风光、美丽的自然景色，虽为人作却宛若天开，能满足城市人返朴归真、回归大自然的精神需求，又契合了当今生态旅游、绿色旅游的热潮。

基于丰富的生态旅游资源，可以重点推出的生态旅游产品有：珍稀生物保护游（各大自然保护区和森林公园）、自然生态之旅（池州、岳西）、天堂寨生态旅游区（六安）、皖西大别山区玉带明珠游（六安＋合肥＋巢湖）等。利用周末游憩、盛夏避暑，开展游览、登山、温泉浴、森林浴、游泳、垂钓、赏花观鸟、品尝野味等野外活动，使游客放松身心，回归自然。

二、安徽生态旅游产品存在的问题

安徽省的生态旅游产品还处在开发的初级阶段，没有形成产业化，生态旅游资源产品化的挖掘不够。

（一）安徽生态旅游产品处在初级阶段

生态旅游产品的开发一般经过三个阶段。第一阶段是“寻觅”阶段。此阶段的主导思想是“到生态区旅游”，产品开发适应了这种回归自然的市场心理，主要寻找自然生态环境比较好的区域进行开发，形成产品。此阶段可取之处在于唤醒了生态意识，使旅游活动开始注重和尊崇生态。但是，此阶段带有明显的感性特点，是一种“回归自然”的兴趣心理的张扬，因此，可以说这是生态旅游发展的最初级阶段。第二阶段是“保护、控制、模仿”阶段。此阶段人们意识到生态需要保护，特别是在旅游开发和旅游活动中，要充分注意对生态的保护。保护就必须控制人们的旅游行为，而控制人们旅游行为的准则就是对生态规律的尊重。基于这些认识的深化，产品开发开始向高层次迈进，旅游产品的开发已经把生态的保护、旅游活动本身的控制以及如何模仿生态规律等因素考虑进去，生态旅游的概念进一步清晰化了。但是，此阶段对生态旅游发展的核心要素以及生态旅游发展的重心还没有充分地理解，可以说是生态旅游产品不完善的升华阶段。第三阶段是“系统开发”阶段。此阶段人们已经开始意识到生态旅游是一种系统性的行为，只有在自然生态系统和社会生态系统之间的循环中，才能产生真正高层次的生态旅游产品。于是，旅游产品的开发开始客观地发现自然和人文系统各自的运行规律，同时，更注重在产品的开发中通过人的活动使自然生态系统与人文生态系统产生良性循环。在此阶段，生态旅游得到了更系统的考虑，生态旅游产品的开发进入到了一个更高的理性化层次。目前，安徽的生态旅游产品开发尚处在第一阶段，处于初级阶段。

（二）安徽生态旅游产品没有形成产业化

安徽省的生态旅游产品没有形成产业化，只是处于较低层次的产品开发，如生态旅游产品集中在游览、登山、温泉浴、森林浴、游泳、垂钓、赏花观鸟、品尝野味等，没有从旅游系统的生态化角度整合自然生态旅游、文化生态旅游、产业生态旅游以及社区生态旅游，促进生态知识的普及、生态技术的传播、生态产业的发展、生态产品的生产与销售，乃至整个区域的可持续发展。

三、安徽生态旅游产品发展的方向

加强对生态旅游产品的深度开发，必须建立在保护生态旅游资源的基础上，因为保护生态旅游资源是生态旅游产品可持续发展的根本。在保护生态旅游资源的前提下，提升生态旅游产品开发的层次和阶段，形成生态旅游产业化发展的局面；整合资源，系统化开发生态旅游产品，将生态知识、生态技术、生态产品的生产和销售进行整合。

第五章　安徽的旅游商品

安徽的旅游商品资源十分丰富，各市、县的竹、木、石、编织、刺绣、茶叶、名酒、高山蔬菜、土特产品、水产品、中药材及其制品应有尽有，且各具特色。但是，从目前的现状看，安徽省旅游商品的开发与建设工作还需进一步加强与引导。安徽的旅游商品还远远不能满足各类游客的广泛需求，旅游商品这块“黄金”有待进一步挖掘。

第一节　土特产品

一、安徽土特产品发展的现状

安徽物产丰富，土特产品种类多样，主要包括七大类，见表5-1。

表5-1　安徽省主要土特产品类别及主要构成

类别	主要构成
茶类	祁门红茶、黄山毛峰、太平猴魁、屯溪绿茶、六安瓜片、涌溪火青、霍山黄芽、泾县特尖、岳西翠兰、敬亭绿雪、舒城兰花等
酒类	口子酒、古井贡酒系列、明光酒、迎驾贡酒、海神黄酒、淮远的石榴酒、萧县葡萄酒、黄山石酒、五年陈酿、老八大酒、竹筒酒、徽州甲酒、杏花村系列白酒等
地方特色食品	砀山酥梨、徽州雪梨、怀远石榴、水东蜜枣、歙县金桔、三潭枇杷、宁国山核桃、涡阳苔干、问政贡笋、黟县香菇、黟县香榧、霍山黑木耳、广德板栗、猕猴桃等

续表

类别	主要构成
水产类	巢湖银鱼、淮王鱼、鲥鱼、当涂金甲蟹、太平湖水产等
副食品	符离集烧鸡、胡玉美辣酱、采石茶干、八公山豆腐、琅琊酥糖、铜陵冰姜、无为熏鸭、香雪板鸭等
中草药材及制品	菊花、茯苓、亳白芍、铜陵凤丹、潜厚朴、宣木瓜、霍山石斛、黄精、祁术等
炒货类	板栗、花生、瓜子等

茶类、酒类和副食品产品发展较成熟，注重品牌建设，形成了一系列知名品牌。酒类中的古井贡酒早在1998年就被确认为“中国驰名商标”。通过实施原产地域产品保护措施，能够更加有效地保证其地理标志的唯一性和永久性。明光酒中的绿色食品——以明绿液酒为龙头的明光系列酒，销往国外市场，在新加坡、朝鲜、泰国深受欢迎；口子酒被定为国宴用酒之一，是全国第一家“原产地域保护”的兼香型白酒品牌、首批经国家商务部认证的“中华老字号”品牌、行业率先具有“纯粮固态发酵标识”和“中国驰名商标”的白酒品牌；萧县葡萄酒中的古泉牌干红是安徽省名牌产品。怀远石榴远销东南亚、英国、罗马尼亚等国，引种到前苏联、保加利亚等国。茶类中黄山毛峰是中国十大名茶之一，曾被定为外交部“礼品茶”；祁门红茶是中国著名的功夫红茶、中国十大名茶之一、世界三大高香名茶之首；太平猴魁、六安瓜片同样位列中国十大名茶之中。

二、安徽土特产品发展存在的问题

（一）产品包装不当

安徽的土特产品中，酒类和茶类比较注重包装，其他类别的土特产品裸装、散卖、以低质量塑料袋包装，更多的产品处在简单包装袋加产品的低端化包装阶段。同时，有些企业为追求利润最大化，对产品进行过度包装、奢华包装，结果耗费了大量的财富，造成资源浪费、环境污染等，造成土特产品过于低俗化，影响了土特产品的销售价格以及消费者购买前后欲望的不平等。

（二）市场操作俗套化

土特产市场进入门槛低，管理落后，地方政府认识错位，没有意识到土特产品在旅游商品市场上的竞争优势，旅游商品的开发、生产、销售和管理缺乏规范和指导，处于自发和无序状态，尚未形成专门的管理机构。市场上各色各样的土特产专卖店不断涌现，大打价格战，伪劣商品充斥市场。加上缺乏成熟的产品策略、市场策略以及品牌意识，土特产品市场没有品牌，没有卖点，没有形象，落入俗套。同时，地方政府缺乏“大旅游”的观念，一些地方未把土特产品开发作为旅游业的内容去落实，甚至没有纳入当地旅游发展建设规划中，造成产品研发、生产、销售脱节，乃至组织失调、自生自灭等恶性循环，导致土特产品开发资金缺乏和游客旅游需求、消费结构、旅游收入结构比例的失调。

（三）品牌意识淡薄

对山区特色食品、炒货类、水产类、中药材等在品牌建设上关注不够，产品等级划分不明显，不容易辨别质量等级。安徽一般的土特产品仍以地域名作为自己的名称，如符离集烧鸡、沱湖螃蟹、怀远石榴、皖西白鹅、歙县金桔等，没能有意识地为这些地域土特产创品牌。即使有些创立了品牌，也由于种种原因，诸如宣传力度不够等使得其知名度很低，更想不到去注册登记以保护自己的品牌，致使大部分土特产品鱼龙混杂，让消费者买得不放心，严重影响了产品在市场上的竞争力，限制了产品的市场占有率和销量，严重阻碍了土特产品经济的发展。

三、安徽土特产品深化发展的对策

（一）品牌方面

提高旅游土特产品的品质，增强其在消费者中的信誉和知名度，有利于产品进入市场并取得更好的经济效益。尤其是一些品质相同、质量不相上下的农副土特产品，消费者往往对品牌产品情有独钟。在旅游土特产品供给不能满足个性化、多样化需求的情况下，土特产品创品牌显得尤为紧迫，应引起广泛重视。针对优秀土特产，通过依法使用注册商标，形成品牌优势。注重产品形象的塑造，力求产品在生产、运输、销售的各个环节中统一形象、发挥特长。产品的“展示、销售、环境”都应视作产品的无形部分。购物氛围的营造将把商品信息高效传递给消费者，人们常说“包装是无言的销售员”，销售环境的视觉感知同样深深地感染着消费者。气氛温馨自然、整洁有序的销售环境不仅能起到促进产品销售的作用，还能满足顾客追求轻松、舒适的购物时尚，充分享受购物乐趣的消费心理需求。

（二）包装方面

产品的包装设计可分为艺术含量型、技术含量型和感情含量型三种。安徽的土特产品的包装应该加强艺术含量和感情含量，包装讲究精、巧、奇，追求艺术美，努力提高其艺术魅力。以“人性回归”、“享受大自然”等为主题迎合感情型消费浪潮，在包装中融入地域文化。追求艺术和感情的同时也要注意技术含量，包装的高技术含量是品牌商品“名牌性”在一定层次上的反映。这样的包装融合理性和感性，重新焕发无穷的艺术魅力，可给消费者提供无法用数量计算的美感、亲情感和精神满足感，让消费者在购买土特产品的同时领略感受到安徽的文化和民俗等内在魅力。土特产品要紧紧把握住“土”，把“土”字做好，但是一定要做高端的“土”。产品要一反传统食品包装方式，融入区域或者民俗元素，将土特产品的“土”变成一种高端的、稀缺的时尚元素。这种时尚恰恰可以在现代都市中得以生存与放大。因为这是一种个性的显现、一种独特的产品形态，迎合了现代都市白领与商务休闲的需求。

（三）规模化经营

在政府主导下为各类土特产品建立质量标准和评判标准，打造知名品牌，保证土特产品质量。建立规模化经营的产业支援，“政府主导，企业运作”。注册商标后，政府尽快采用转让、租用形式下放给企业。建立产业基地，将土特产品进行产业化生产和经营，实现标准化的监控，发挥规模效应。

第二节　工艺美术品

一、安徽省工艺美术品发展的现状

传统的民间工艺美术品，是某一区域的民众为满足自己精神文化生活需要，利用地域特有的便宜原料，以手工和简单工具加工制作，世代相传、流程完整的生产工艺及其制品。它反映的是该地区人民群众的社会生活和思想感情愿望，表现的是他们的审美观念和艺术情趣，具有鲜明的乡土风格或地域特色。

安徽省的工艺美术品主要包括：雕刻工艺，如石雕、根雕、木雕、砖雕、竹雕、牛角雕、浮雕等；雕塑工艺，如泥塑、面塑、纸塑等；编织工艺，如草编、麻编、竹编、条编、线编、发编等；画工艺，如芜湖铁画、马鞍山丝棉画、安庆雪木画、钟馗画、金箔画、牛角画、萧县国画等；青铜工艺、玻璃工艺；其他，如文房四宝（徽墨、歙砚、宣纸、宣笔）、毛笔、染织、彩陶、黑陶、剪纸、青阳折扇、灵璧磬石、九华折扇、工艺灯等。

二、安徽省工艺美术品的空间分布

安徽省工艺美术品种类丰富，且空间分布广泛。

皖南地区主要分布有文房四宝、徽文化系列雕刻工艺品、佛教工艺品、竹木工艺品等。宣纸、宣笔产于宣城泾县；徽墨产于屯溪、歙县、绩溪等地；歙砚产于歙县；徽派雕刻艺术则集中在黄山市大部分地区和宣城市绩溪县；佛教工艺则集中在池州、安庆等地；皖南山区有较多的竹林、植物分布，所以竹木工艺也集中在皖南。

“环巢湖”地区的工艺美术品主要有工艺浮雕、牛角画和金箔画。金箔画的研发始于 20 世纪 90 年代初期，金箔画的珍贵性与随意性深得各界人士喜爱，成为新世纪高中档的时尚工艺品。

“沿江”旅游区则分布有芜湖的铁画系列，铜陵的铜工艺、铜雕塑，马鞍山的洪滨丝画系列和安庆的雪木画。芜湖铁画是由绘画与锻铁技艺结合而成的特殊工艺品，酷似国画、水墨画，是中国传统工艺美术的一朵奇葩，始于宋庆历年间，盛于北宋。铜陵铜文化源远流长，是中国青铜文化的发祥地之一，中国的“古铜都”，3000年绵延不绝的铜采治史，传承出独特的铜工艺，如传统失蜡法工艺。铜工艺品是铜陵的特色产品，铜雕塑工艺同样精湛。马鞍山丝棉画是利用普通的丝棉材料，经细腻多变的手工技巧，在各色绒布上根据画面的需要精心制作而成。丝棉画工艺难度极高，用色极为讲究，表现手法更是丰富多彩，可融艺术与装饰为一体，既可将人物、摄影、油画等刻画得惟妙惟肖，也可把动物、静物、山水等题材表现得淋漓尽致、栩栩如生，被称为“东方一绝”。安庆的雪木画以向日葵杆芯为主要原材料，柔润轻盈，雪白细腻，有较强的可塑性，经特殊处理后更是晶莹剔透、富丽高雅，既有着软木画的神韵，又有牙雕一般的质感，且有不老化、不变色的优点。

“沿淮”旅游区是灵璧磬石、石工艺、钟馗画、萧县国画、剪纸、凤阳花鼓、玻璃制品等工艺的分布地区。其中宿州灵璧县的奇石有奇特的天然造型，峰峦洞壑，浑然天成，骨秀色青，扣之有声，集漏、透、瘦、皱、怪、丑、清、奇、形、响诸美于一身，色泽秀丽雅致，质地细腻光洁，居“中国四大美石”之首。灵璧磬石是一种用黑色大理石雕刻的美术工艺品。灵璧钟馗画是具有地方特色的民间绘画艺术，钟馗造型剑眉虎眼，阔额虬髯，粗犷雄强，有威武逼人之感，在英武中显得儒雅，在豪放中显得温柔。萧县国画形成于清代中期，发展壮大于清末民初，以强烈的个性阔笔写意，以泼辣豪放的笔触写实，质朴无华，坚劲、秀雅而率直，豪爽、洒脱而诚恳，名震江淮，或山水，或花鸟，或人物，都在画坛上享有一定的盛名。

大别山红色旅游区主要的工艺有剪纸，钩花，刺绣，工艺陶瓷，竹编，石头、玉、木等雕刻工艺品等。其中大别山剪纸装饰画是一种高档民间工艺美术品，有很好的视觉效果和立体感，时尚精致，装饰感强，也是收藏爱好者的选择之一，亦是上等的馈赠品。

三、安徽省工艺美术品发展的方向

（一）品牌化道路与平民化道路兼用

工艺美术品的消费大多是“爱家”消费。从整个工艺美术品市场来看，主要有三大类的消费人群：第一类是消费能力较强的阶层，如商务精英、企业家、文艺界明星及其他有一定财力的社会名流。这类消费人群喜欢避开人潮，追求个性化，购买民间工艺美术产品时一般不会过多考虑价格问题，更多的是注重工艺美术品的收藏价值。高端的具有收藏价值的民间工艺美术产品是他们的第一选择。第二类是中高级别的白领以及一些年轻的较高收入者，如名企职员、公司中层、机关事业单位人员、部分自由职业者等，他们希望通过购买工艺美术品来显示自己的独特品位，但由于经济条件的限制，他们往往选择中高档价位的产品。第三类是普通旅游者、爱好者。他们购买工艺美术品是出于一般的兴趣爱好，也很随意，所购买的产品价格较低，但是这类消费者的需求量很大。不同的消费群体使得民间工艺美术品产业的分层化发展也越来越明显。

遵循市场化、生活化的发展路线，工艺美术品的发展有两条路可走：一条是平民化的道路，即普及的实用品，直接服务于人的生活；另一条是品牌化道路，即高档品，兼有观赏和收藏价值。平民化的道路和品牌化的道路是相辅相成的，不能完全分离，也没有明确界限。针对不同的消费市场，工艺品的品种类别、风格品位、材料质地、题材体裁、质量档次等要有所差别，这样才能让更多的人感受到工艺美术的魅力，同时满足不同层次消费者的需要。

（二）工艺美术品的创新之路

工艺美术是一门造型艺术，艺术需要创新，将传统与现代高度融合，且在创新时要遵循艺术的发展规律。其中最重要的是材料和技术的创新，新材料的创造和生产技术的改进是工艺美术创新的主要方面。如马鞍山的洪滨丝画勇于尝试和创新，不断提高生产技艺。洪滨丝画在材质上从纯棉制作到用丝棉作画，从最初的白棉花到纤维棉，从背景的黑色绒布到现在的多种有色绒布等。对于制作艺术也是不断创新的，在国内传统工艺造型中继续挖掘适合丝棉画的内容、形式、艺术风格、制作工艺等。另一方面在现当代优秀工艺美术中找到符合人们审美情趣的形式，还吸取国外民间艺术形式中的精华部分，比如：洪滨丝画的外观装饰通常是采用镜框装裱的样式，在发展中不断吸收我国传统的装饰形式以改进外观；将热裱真空技术运用于装裱技术，这些无不体现洪滨丝画求创新求发展的决心。

（三）宏观环境的优化

良好的市场和政策环境对于工艺美术品产业的发展具有重要的作用，而良好的发展环境需要各级政府、各个部门的协调配合。加强组织领导，用科学发展观统一思想，凝聚力量，指导工作，营造有利于工艺美术产业发展的政策环境和社会环境。对于安徽省来说，应该成立全省工艺美术品发展领导小组，加强对全省工艺美术品的组织领导，协调解决工艺美术品发展中出现的问题，指导企业改革重组、合资合作、结构调整和技术进步等；加大对传统工艺美术产业财政和金融支持力度；统筹政府相关部门政策手段，形成共同扶持传统工艺美术产业发展的合力；设立工艺美术发展专项资金，重点用于传统工艺美术产业发展环境的建设；加强传统工艺美术集群与各类金融机构的对接与合作，搭建工艺美术产业集群新型融资平台。

第三节 旅游用品

旅游用品，即旅游者在旅游过程中所需用的商品。旅游用品是我国旅游业兴起之后从国外引进的概念，业界通常将酒店用品统称为旅游用品，其所指的范围主要包括旅途用品、旅店业使用的各种纺织品及提供给旅客一次性使用的物品、旅行备用药品等。旅游用品的种类主要有：必需用品，如身份证、护照等各种证明自己身份的证件，该类属旅游用品却不是旅游商品；洗漱用品，如牙膏、牙刷、毛巾、香皂、肥皂、头梳、剃须刀、洗发水等；日常用品，如水杯、水壶、手电筒、小刀、衣架、绳子、针线、护肤油等；衣服鞋帽；备用药品，如清凉油、仁丹、防晕车药等；露营用品，如帐篷、睡袋、挂床等；特殊用品，如登山、滑雪、潜水等活动配套用品。安徽省旅游用品种类齐全，主要包括旅游帐篷、旅游服装、旅游鞋、望远镜、箱包、罗盘、日晷、旅游地毯、皮件、宾馆酒店用品、佛教用品等。

一、安徽旅游用品市场现状

安徽省旅游用品生产企业种类相对齐全，其中部分企业实力雄厚、专业化程度高，如安徽泾县思全旅游用品有限公司，专攻旅游木炭类，产品远销北美、西欧、东欧、东亚、东南亚等；芜湖探险家户外装备有限公司，从事旅游用品、休闲用品系列产品的生产，产品远销欧美各国，在国内外具有较高的声誉，该公司以其独特的产品风格而被誉为本行业中的一颗璀璨明珠；徽和户外旅游专业用品连锁专卖店，专营帐篷、背包、登山鞋等户外旅游专业用品。但这只是少数企业，大部分企业专业化程度不够，旅游用品只是企业产品中的一部分。如安徽省宇文杰服饰有限公司，休闲服装只是其服装中的一部分，即使是休闲服装也没有针对户外运动服装的需求标准特别制定，没有意识到旅游服装的特殊要求。再如，安徽登克尔旅游用品有限公司，以箱包家纺为主营产品，没有在旅游箱包特殊需求上花费精力，不能专于旅游箱包的设计和生产。

二、旅游用品市场流行趋势

（一）追求时尚

旅游用品在设计上摈弃行李包一贯呆板的黑色，添加亮丽叛逆、夺人眼球的色彩，如南瓜黄、茄紫、钦金色和蓝迷彩，应用一些时尚面料，诸如微纺仿羊皮、水磨棉帆布和微纺抓毛绒等新式的布料和材质，一些产品还使用了极具异国风情的材料，箱包衬里也同样用亮闪闪的金属零件武装起来。

（二）讲究外观

人性化设计使出行更简单。目前许多旅游用品引进了轻便的结构，使得提包更容易使用，同时和结实的箱包一样耐用。有些新款设计添置了用于放洗漱用品、化妆品和鞋子等女性必需品的内袋，从而使她们的旅途更加方便。对人性化设计的需求仍然持续。新推出的提手设计可以调整为左右手适用；新款的滑轮满足了箱包360度的旋转，并且加入了防震系统；市场上最引人注目的产品还有安装在滑轮上、打开即可成为座椅的带锁包；可附贴在盥洗室镜子上、使牙刷远离细菌的牙刷架，以及带锁的简易安全行李包，可让旅游者放心游泳或小憩；另一款新产品是“行李踪迹牌”，可让主人和丢失的行李快速“团圆”。

（三）强化功能

目前市场上还推出了为青少年或携带幼子的父母专门设计的产品，甚至还有为离家上学或留学者专用的产品，几家背包制造公司还将双肩背带和背部衬垫都设计得更柔软，增加了产品的舒适度。在儿童安全的措施方面，推出了儿童从家长身边走开时的自动报警装置。同时，加入了能锁紧电脑和其他贵重物品的衬布钢制设施。另外，还设计了多功能、多内袋的箱包，带轮背包配有一个可拆分的底部，可以把鞋子或脏衣服和其他行李分开装，闲置不用时卷起来，立在墙角。还有一家旅游用品公司新生产的旅游袜子，可以把身份证、护照、现金和钥匙巧妙地隐藏起来，放心携带。

（四）新奇化

在旅游用品市场上出现了新奇化的产品，如迷你彩电，一种旅行彩电，用普通旅行包就能装下，它靠高性能太阳能电池提供能源，便于旅游者随时收看电视节目。手提旅游椅，这种椅子只有手提包那么大，打开后，一把伞便撑遮在椅子上方，使旅游者可以悠然自得地坐在伞下的椅子上，尽情地欣赏大自然的美景。煮饭伞，它不仅能遮阳避雨，还能用来煮食物。伞是由镀铬的条形物制成，直径80厘米，中心有一根金属轴棒（伞把）指向太阳，在焦点上能产生500摄氏度的高温，可煮饭、烧水等。无膏牙刷，这种牙刷一端连着塑料管，可接在水龙头上，刷牙时，从牙刷毛中喷出一束细小的水柱，并能产生气泡和超声波，不但清洁效率高，而且对牙龈有保健和按摩作用。声控电筒，该电筒设有声控装置，事先在其内部输入了一种特定的声音，如击掌声、响指声、叩门声等，如果要打开手电筒，只需发出这种声音，电筒便会自动发光。

从旅游用品市场出现的这些流行趋势来看，安徽省的旅游用品企业应该加强专业化，将旅游用品与日常用品严格区分开来，随时把握旅游产品市场动态，了解旅游者需求，根据市场信息调整产品，进行新产品研发。在产品外形和功能方面，设计时尚外形，同时注重强化产品功能，提供新奇、实用的旅游用品，丰富、便利旅游者的旅途生活，同时壮大安徽旅游用品产业的实力。

第四节　旅游纪念品

旅游纪念品是指旅游者在旅游活动过程中购买的，以物质形态存在的精巧便携、富有地域特色和民族特色的实物，也可称作旅游购物品。旅游纪念品是旅游地的信物，是旅游目的地的名片，更是旅游地文化品格的象征，具有收藏和鉴赏价值。旅游纪念品是旅游业的一个重要组成部分。

一、安徽省旅游纪念品发展现状

安徽旅游纪念品主要有：宗教类，如佛门七宝饰品、佛光伞、手链、护身卡、佛像、纪念章等；文化类，如安徽名人集、安徽名人书法艺术集、安徽名人绘画艺术集、名山名水集、历史文化集、画册、邮册、九华圣境纪念册等；其他，如玉器、珠宝饰品、珍珠饰品、钥匙扣、标本等。

总体来看，安徽省旅游纪念品种类较少，还存在一系列问题：

（一）同质化状况严重

经调查，当前的旅游纪念品行业，不仅企业生产规模小，而且绝大多数产品缺乏创意，不同地方、不同景点的纪念品千篇一律，不能反映地域文化特色，甚至在不同地区景点的旅游纪念品商店出现相同的纪念品，这样就使旅游者失去了购买的欲望。

（二）产品品质低劣

纪念品本身蕴含着一定的人文意义，对旅游者来说既有纪念价值也有收藏价值，因此纪念品的品质一定要有保证。但是，在安徽省甚至中国纪念品市场除价格昂贵的高档纪念品做工精细以外，大部分都存在着品质低劣的问题。而法国旅游纪念品行业发展迅速的一个原因，就是它们在工艺方面讲究精致，粗制滥造的东西极为少见。数千欧元一席的挂毯和上百欧元一个的蓝瓷器皿自不必说，就连 1 欧元一个的冰箱贴和钥匙链也都做工精细，加上考究的包装，游客买来馈赠亲友绝无“拿不出手”之虑。

（三）产品开发不到位

纪念品设计缺乏创意，设计多以模仿改造为主，没有太大的创新和地方特色，不注重人性化的设计，体量庞大，极不便于携带。另外，工艺制作不够精美，包装、销售服务欠佳。

（四）缺乏有文化内涵的精品

旅游纪念品产业结构不合理，生产厂商普遍规模较小，大多数都是劳动密集型的乡镇企业、个体经营企业，基本上是作坊式生产，手工操作，未形成一定的生产规模，缺乏科学的激励机制和约束机制，制约了企业的发展活力。承包者的观念陈旧，认为游客都是一次性购物，因此，生产商们把心思放在了追逐短时经济利益上，使原本在制作时需要细心、耐心、精心的用心制作变为三心二意的粗制滥造、偷工减料，以不可取的操作方法降低生产成本，以便能够竞相杀价鼓励游客购买。

（五）市场管理缺失

对旅游纪念品的地位重视不足，没有在政策上给予具有潜力的旅游纪念品开发和品牌树立以更多的扶持；旅游商品的信息推介服务欠缺。由于购买旅游商品是一种异地消费，因而由政府集中提供服务信息更有利于以政府信用降低旅游者的购买风险。市场管理和政策引导服务缺位。行业管理部门对旅游商品的开发、生产和销售的引导和扶持力度不够，导致了伪劣商品充斥于市，使旅游商品形象受到损害。旅游购物市场组织化程度低，价格不够统一规范，服务质量良莠不齐，多数市场定位不准，经销产品千篇一律。

二、安徽省旅游纪念品发展模式

（一）突出“本我”，追求“超我”的深度开发

旅游纪念品要突出自己的“中心思想”，展示“本我”，体现旅游地精神内核，使用本地的材料和技艺，让旅游纪念品从里到外都散发着旅游地的韵味和风情，使之成为游客“到此一游”的最佳留念，不被那些毫无特色的旅游纪念品所湮没。与此同时，旅游纪念品的包装和工艺质量也不容忽视。质量过硬、包装精美的旅游纪念品才能获得游客的青睐。旅游纪念品的“代言”作用不容小觑。同时，积极创新，追求“超我”。揣摩游客的心理，根据流行风尚，土洋结合，无论是工艺还是材质都大有文章可做。采用精雕细琢的传统工艺，利用现代人们乐于接受的原料和技术，通过现代科技的创新，实现旅游纪念品的发展。此外，还要针对不同的细分市场开发出不同的系列产品。

（二）改变过去单一的营销模式，建立多元化的营销模式

开发体验式的旅游购物模式。由游客自己生产出他们参与制作的旅游纪念品，以表达他们的自我情感，获得超常的成就感和审美感受。云南瑞丽推出的“淘宝游”，就是由游客自己在河中取石头，根据自己的喜好创作只属于自己的旅游纪念品，真正做到“世间只此一件”。还有一些旅游地让游客参与传统造纸术和传统活字印刷术体验动手的快乐。这些体验式的购物模式都取得了巨大成功。

创造良好的购物环境，注入休闲气质。营造一个良好的购物环境是旅游纪念品营销中一个至关重要的环节。旅游目的地可以建设步行商业街，国际性的旅游城市可以发展城市游憩商业区，分区经营，可以达到方便游客和完善管理的双赢效果。此外，要营造完美的购物环境还要实现统一合理定价。科学合理的定价有利于游客放心购买纪念品，并对旅游目的地管理水平留下较佳的印象，防止游客有“被宰”的心理负担，避免游客和经营者打“口水仗”。

加强对旅游者的导购宣传工作，力争实现信息对称。通过各种方式和渠道对旅游者进行信息“诱导”，使游客尽可能多地了解当地“特产”。可以利用宣传小册子和旅游标识牌来宣传旅游纪念品，导

购人员也要发挥在旅游纪念品宣传中的作用，改善服务态度，完善服务水平，增强亲和力。但是宣传要适度，不能让旅游者有不舒服的感觉，要使游客感到观赏和购买旅游纪念品是一种美的享受。

（三）形成旅游纪念品生产经营者、社区居民为主导，政府为引导的开发格局

要实现旅游纪念品的深度开发离不开政策和制度的保证。开发旅游纪念品，需要政府的引导和管理以及更多生产经营者的加盟。如举办旅游纪念品设计大赛，为具有传统技术的老艺人和具有新技术、新思维的研发者提供发展平台。企业要树立品牌意识，对于自己的优势产品可以申请专利。此外，国家也要对名牌的旅游纪念品给予积极的保护。

保护社区居民的利益。当地居民是旅游地真正的主人，保护他们的利益可以激发他们的灵感，加强他们的文化认同，并对当地文化进行深层次挖掘，使优秀的文化和艺术得以发扬光大。鼓励他们参与管理，可以更好地保护他们的利益，让他们的聪明才智得以体现，增强他们的成就感和自豪感。因此，在保护社区居民利益的同时要注意开发社区居民市场，不能把旅游者当成旅游纪念品的唯一目标市场，旅游地社区居民也是一个很大的潜在消费群体。

（四）建立利益协调机构和信息反馈系统

建立利益协调机构。由政府出面，将利益相关者都包括其中，切实保护好各方的利益，发挥各方面的积极性。此外，利益协调机构对保护社区居民利益也有着极具重要的作用。利益协调机构是落实社区居民利益的有效方式。同时，各利益相关者通过在利益协调机构中“议事”，加强沟通，有助于形成良性循环。

建立信息反馈系统。构架起旅游纪念品供给方和需求方沟通的桥梁。可以充分利用网络资源，对游客的反馈信息及时处理，对旅游纪念品的发展态势作出及时的评价和预测，以实现旅游纪念品的滚动式发展。

三、安徽省旅游纪念品发展方向

（一）与创意产业结合，引进创意型人才

旅游纪念品是地域文化的代表物，需要通过创意寻找生动表达的方式。例如安徽省突出的是徽文化，而徽文化是抽象的，它需要生动形象的外在表达载体，这个载体即是旅游纪念品。因此，特色旅游纪念品的开发需要与创意产业相结合，依靠人的创意和想象力，以科技手段对传统文化资源进行现代化转换，刺激潜在的市场需求，从而拓展新的市场空间。以创意型人才为骨干，将创意型产业与旅游纪念品，开发相结合，离不开创意型人才的支持，因此，引进并留住创意型人才，并且把他们的创意思维转化成生产力就显得格外重要。

（二）发挥民众的力量

旅游纪念品是小商品，但它是“大文化、大市场、大利润、大概念”。它的设计理念应该是“让无生命的东西成为有生命，有生命的应个性化，有个性的赋予幽默感”。这正需要广大民众积极参与，民众的智慧是巨大的，积极鼓励民众献计献策，必将打开旅游纪念品开发的思路，开发出更多有价值的旅游纪念品。

（三）成立专门机构

对于旅游纪念品的开发，政府应视为完善旅游产业的重要环节，对旅游纪念品所涉及的问题应该设立专门的机构来规范管理。例如：在旅游纪念品销售市场设立专门的监管部门；设立专门的旅游纪念品研发部门；为旅游纪念品的广告宣传设立专门的宣传机构；组成专业团队，对旅游纪念品生产、开发厂商提供有针对性的专业技术指导。

（四）借助政府扶持

政府要加强主导作用，针对旅游纪念品开发设计、生产和销售颁布相应的政策和法规，进行宏观调控和统一管理，协调物价部门制定旅游纪念品的价格，联合工商、税务等部门加强执法检查，监督旅游纪念品的质量，使旅游商品开发设计、生产、销售这三大环节联系起来，形成一个整体并且灵活运行。要强化协调，为旅游商品生产和销售企业创造一个有利于大发展的外部环境，在设计、生产、销售诸环节上进行指导、帮助，提供信息和交流平台。

第六章　安徽的旅游产业

第一节　旅行社业

旅行社作为旅游活动的介体为旅游者和交通、景区、饭店、娱乐等旅游相关部门架起桥梁，成为完整旅游活动的枢纽。旅行社服务质量的高低和旅行社行业发展对于旅游业的发展具有至关重要的作用。改革开放以来，安徽凭借丰富的旅游资源逐渐成为我国重要的旅游目的地，国际、国内旅游的蓬勃发展态势促进了旅游产业的大发展，同时也推动了安徽旅行社的行业建设。20 世纪 90 年代初，安徽旅行社行业进入快速发展时期。经过 20 多年的发展，企业数量不断增加，规模不断扩大，已经形成了一定的产业规模，并在我国旅游接待体系中发挥了重要的作用，为推动安徽与全国旅游业的发展作出了重要贡献。截至 2011 年底，全省共有旅行社 1057 家，其中组团社 22 家，国内旅行社 1035 家；安徽省旅行社营业总额达到 53.66 亿元；全省持证导游 12000 人。

一、旅行社数量增长情况

安徽省旅游业的大发展推动了旅行社的建设和快速发展，1995 年全省有旅行社企业 142 家，其中国际旅行社 29 家、国内旅行社 113 家。“九五”、“十五”期间安徽旅游业发展再次推动了旅行社的建设，“九五”末安徽旅行社发展到 332 家，“十五”期间又增长了 267 家，总数达到 599 家。“十一五”时期，安徽省围绕“推进跨越式发展、实现奋力崛起”的主题，大力发展旅游业，旅行社数量增长迅速，截至 2010 年底，全省旅行社总数达 947 家，较“十五”末增长 348

家，相当于2000年的2.85倍。

从安徽省旅行社总数增长率看，2007年之前与全国旅行社数量增长率基本保持一致。但是，也有与全国旅行社增长率不一致的年份，譬如2008年、2009年安徽省旅行社年增长率较全国分别高出7.98%、4.87%。这两年由于受到金融危机的影响，我国入境旅游人次出现下降，国内游客的经济收入也受到冲击，一定程度上影响了旅行社的发展；然而，安徽省旅游业主要依赖国内旅游，入境旅游市场较沿海省份发展较晚，在旅游业中所占比重较少，旅游业受到金融危机的冲击相对较小，旅行社的行业环境比全国平均水平要好。2010年安徽省旅行社总数增长率从12.52%下降到6.40%，降幅高达6.12%。主要是由于2009年国务院和国家旅游局相继出台了《旅行社条例》和《旅行社条例实施细则》，规范了旅行社的经营，提升了行业总体质量，一定程度上抑制了旅行社总体数量的增长。

表6-1 全国及安徽省旅行社数量及增长情况

年份	2000	2001	2002	2003	2004	2005	2006	2007	2008	2009	2010	2011
全国旅行社总数（个）	8993	10532	11552	13361	14927	16245	17957	18943	20110	21649	22784	23690
年增长率（%）	——	17.11	9.68	15.66	11.72	8.83	10.54	5.49	6.16	7.65	5.24	3.98
安徽旅行社总数（个）	332	383	421	491	552	599	662	693	791	890	947	1057
年增长率（%）	——	15.36	9.92	16.63	12.42	8.51	10.51	4.68	14.14	12.52	6.40	11.62

数据来源：全国及安徽省历年统计年鉴。

二、旅行社类别结构

旅行社类别结构主要是指全部旅行社中国际旅行社和国内旅行社的数量及比例构成情况。一直以来，安徽省旅游业较大比重地依赖于国内旅游，而出入境旅游发展较晚且时间短，对于全省旅游业的贡献相对较少。在这样的宏观背景下，安徽省国际旅行社数量少，在全省旅行社总量中所占比重也比较少，而国内旅行社数量多，所占比例大。从这个方面来看，安徽省旅行社类别构成分布与国内旅游和出入境旅游业务构成相符合。

从旅行社数量看，安徽省国内旅行社占主导，到2011年底全省旅行社1057家，其中：国际旅行社22家，占总数的2.08%；国内旅行社1035家，占总数的97.92%。与1995年国际旅行社（20.4%）和国内旅行社（79.6%）的构成比例相比，国际旅行社所占比例明显下降，国内旅行社所占比例明显上升。2009年，全国旅行社总量中国际旅行社占 9.80%，国内旅行社占 90.2%。因此，安徽省与全国相比在类别构成上国际旅行社所占比例较低，旅行社经营业务主要依赖于国内旅游，而出入境旅游业务经营状况比起全国平均水平还存在一定的差距。但是，近几年安徽省出入境旅游接待人次却逐年上升，数量较少的国际旅行社难以满足市场需求。在今后的发展中，现有的国际旅行社应加大力度挖掘出入境旅游的市场潜力；实力比较强的大型国内旅行社可以逐渐争取出入境旅游业务经营权；旅游相关管理部门应作好旅行社总体规划、经营权许可和管理，使旅行社类别构成与市场需求增长得以很好的对接。

表6-2 安徽省旅行社类别构成情况

	年份	2000	2001	2002	2003	2004	2005	2006	2007	2008	2009	2010	2011
国际旅行社	数量（个）	35	36	35	35	37	37	37	37	38	20	20	22
	所占比例（%）	10.50	9.40	8.31	7.31	6.7	6.20	5.59	5.30	4.80	2.25	2.11	2.08
国内旅行社	数量（个）	297	347	386	456	515	562	625	656	753	870	927	1035
	所占比例（%）	89.50	90.60	91.6	92.87	93.30	93.80	94.41	94.70	95.20	97.75	97.89	97.92

数据来源：由历年《安徽省统计年鉴》整理。

三、旅行社地域分布

旅行社作为旅游供给的要素，其地域发展和布局应与旅游市场发育相一致。从安徽省 2009 年旅行社的地域分布来看（表 6-3），安徽省旅行社主要集中分布在两类地区，一类是经济发达地区，此类地区外出旅游的人数较多，旅行社中绝大多数以组织客源的组团社为主，如合肥、芜湖等地区；第二类是旅游资源丰富、旅游业发达城市与地区，旅行社多以接待社为主，如黄山、安庆、池州等地区。安徽省旅行社以合肥、黄山、安庆、池州四地市相对比较集中，旅行社数量分别达到 152 家、124 家、96 家、65 家，总计 437 家，占全省的 49.7%，接近一半。虽然这种分布与经济以及旅游业的发展水平基本相适应，但是旅行社数量极少的皖北和皖西北地区具有地域范围较大、人口众多的优势。另外，随着全省经济的快速发展、基础设施的不断完善，这种极不均衡的地域分布态势必然影响行业发展，不利于安徽旅游业的全面提升。

表 6-3　安徽省旅行社地域分布（单位：个）

城市	旅行社组织游客数	排名	城市	旅行社总数	排名
安徽省	2037	—	安徽省	880	—
黄山市	1088	1	合肥市	152	1
六安市	280	2	黄山市	124	2
安庆市	190	3	安庆市	96	3
池州市	116	4	池州市	65	4
宣城市	98	5	宣城市	47	5
巢湖市	86	6	芜湖市	47	5
芜湖市	80	7	滁州市	47	5
铜陵市	31	8	淮南市	40	6
马鞍山市	26	9	马鞍山市	36	7
阜阳市	18	10	六安市	36	7
合肥市	17	11	巢湖市	32	8
亳州市	7	12	宿州市	29	9
宿州市	0	13	亳州市	29	9
淮南市	0	13	蚌埠市	28	10

续表

城市	旅行社组织游客数	排名	城市	旅行社总数	排名
淮北市	0	13	阜阳市	27	11
滁州市	0	13	铜陵市	23	12
蚌埠市	0	13	淮北市	22	13

数据来源：2009 年安徽省各地旅行社数据来自省旅游局《2009 年安徽省星级饭店旅行社基本情况表》，与《安徽省统计年鉴》有所差异；旅行社组织游客数来自《2009 安徽省旅游市场抽样调查》。

根据 2009 年安徽省旅游市场抽样调查中国内旅游方式数据，样本中全省旅行社组织游客总数为 2037 个，各市旅行社组织游客数详见表 6-3。通过市场调查与各市旅行社现有数量对比发现，安徽省旅行社地域分布存在不符合市场供需平衡的规律：某些城市旅行社总数较多，但是旅行社组织游客数却在全省处于低水平，如合肥、滁州、淮南等市；某些城市则是旅行社组织游客数量较多，但是旅行社数量在全省却比较少，如六安、铜陵、巢湖等市。

四、旅行社行业规模及效益

从表 6-4 安徽旅行社行业平均规模指标与全国对比来看，2011 年安徽省单体旅行社平均职工人数 9.51 人，超过全国单体旅行社平均职工人数 12.65 人；安徽省单体旅行社资产总额 163.66 万元，远低于全国水平 345.27 万元。安徽省旅行社的经营指标与全国差距也比较大，2011 年全国单体旅行社的行业平均收入 1212.23 万元，营业税金及附加为 5.51 万元；而安徽单体旅行社的行业平均营业收入为 553.78 万元，营业税金及附加为 3.93 万元，均远低于全国行业平均水平。这反映出全省旅行社数量过多、规模小、规模经济不明显、经营质量不高。安徽省旅行社行业在今后发展中应该在扩大单体旅行社规模、提升旅行社经营效益、增强旅行社资金实力等方面加大力度，逐渐缩小与全国旅行社行业平均水平的差距，提升行业整体竞争力。

表 6-4　2011 年安徽旅行社行业经营指标与全国比较

		职工人数（人）	资产额（万元）	营业收入（万元）	营业利润（万元）
全国	总量	299755	8179403	28717667	130616
	平均	12.65	345.27	1212.23	5.51
安徽	总量	9217	158587	536616	3809
	平均	9.51	163.66	553.78	3.93

数据来源：《2012 年中国旅游统计年鉴》。

第二节　旅游餐饮业

随着旅游业的快速发展，作为旅游六要素之一的旅游餐饮对目的地的旅游发展的影响也愈来愈大。旅游餐饮业的好坏不仅影响旅游地经济效益的好坏，而且作为一个城市的形象窗口之一，直接影响游客对整个旅游地的总体印象。近年来，随着安徽省旅游业的蓬勃发展，安徽省旅游餐饮业也取得较好发展，旅游餐饮业的经营服务领域逐步拓宽，经营方式也更加多样化，餐饮业与旅游业融合程度逐步提高，成为旅游消费的重要组成部分。

一、旅游餐饮业的经济贡献

（一）国内旅游人均餐饮消费

2011 年，安徽省人均旅游餐饮消费为 156.00 元，低于人均住宿、交通方面的花费，占居第 3 位。另外，安徽省旅游餐饮消费增长迅速，对于整个旅游业发展越来越重要（表 6-5）。2000 年，安徽省人均旅游餐饮总消费为 98.17 元；2009 年，安徽省人均旅游餐饮总消费增长到 156.89 元。但是，餐饮消费占总消费的比重扩张余地较小，其中一个主要原因是饮食作为旅游者旅游活动中的基本需要，具有一定的消费刚性，并不像购物、娱乐等其他消费，消费弹性大。

表 6-5　安徽省 2000～2010 年国内旅游人均旅游餐饮消费增长情况

年份	旅游人均总消费（元）	人均旅游餐饮总消费（元）	旅游餐饮消费比重(%)
2000	505.6	98.17	19.42
2001	521.15	96.72	18.56
2002	572.98	97.82	17.07
2003	521.15	96.72	18.56
2004	657.6	124.5	18.93
2005	661.5	123.58	18.68
2006	660.49	124.43	18.84
2007	713.81	143.54	20.10
2008	730.58	149.20	20.42
2009	755.20	156.89	20.77
2010	837.94	156.32	18.66
2011	896.20	156.00	17.41

资料来源：历年《安徽省统计年鉴》。

虽然安徽省旅游餐饮业近年来获得了迅速发展，2011 年游客人均消费比重占到总消费的 17.41%，但是在旅游业发达的国家和地区，旅游餐饮的收入差不多占到旅游消费的 30%左右。因此，从这一角度来看，安徽省餐饮市场规模仍然比较小，特色餐饮资源和饮食文化未能充分挖掘，旅游餐饮市场潜力仍然很大。

纵观安徽省各市旅游餐饮人均消费情况，2009 年合肥、芜湖、宿州三市的国内旅游人均餐饮消费在全省排在前列，人均消费均超过 200 元。从 2000～2009 年安徽省各地市国内旅游人均消费增长情况看，大部分城市的国内旅游人均餐饮消费额是逐年上升的。其中，上升最快的是宿州、六安、合肥、滁州，比较快的是芜湖、宣城、铜陵；而旅游餐饮人均消费增长缓慢的主要是黄山、马鞍山、巢湖、阜阳。尤其是黄山市作为安徽省旅游资源最为丰富、旅游业最发达的城市，旅游餐饮人均消费却出现下降的趋势，从 2000 年的 134.42 元下降到 2009 年的 120.92 元。因此，安徽省各市，尤其是黄山、马鞍山、巢湖、阜阳四市应该考虑加大旅游餐饮投入，逐渐提升餐饮服务质量，进一步加大徽菜宣传力度，挖掘徽文化在饮食中的巨大吸引力，努力挖掘国内游客在旅游餐饮上的消费潜力。

表 6-6　近 10 年安徽省各地市国内旅游人均餐饮消费情况（单位：元，%）

城市	2000 年	2001 年	2002 年	2003 年	2004 年	2005 年	2006 年	2007 年	2008 年	2009 年	增长率
合肥	111.01	122.31	113.66	122.31	158.10	123.5	146.31	199.6	239.5	293.90	10.23
芜湖	106.79	124.89	160.56	124.89	164.00	159.4	164.52	166.0	165.4	211.52	7.07
蚌埠	69.64	56.43	68.07	56.43	77.10	78.6	102.13	84.8	118.1	88.82	2.46
淮南	106.77	108.20	147.25	108.20	95.60	138.9	129.08	137.4	142.9	161.02	4.19
马鞍山	117.25	119.22	123.79	119.22	145.20	156.8	142.90	121.0	146.2	121.19	0.33
淮北	62.09	48.38	60.08	48.38	139.00	136.0	98.93	88.7	115.5	106.76	5.57
铜陵	76.56	83.87	77.87	83.87	137.70	133.3	152.79	168.0	191.2	164.86	7.97
安庆	116.14	135.13	119.07	135.13	165.80	158.5	143.96	147.7	157.8	197.01	5.43
黄山	134.42	123.20	112.00	123.20	160.00	176.8	147.23	186.9	157.4	120.92	-1.05
滁州	79.26	63.65	78.73	63.65	99.80	103.8	92.92	93.4	112.7	182.44	8.69
阜阳	84.29	80.06	82.65	80.06	106.10	102.5	75.34	169.0	165.0	101.60	1.89
宿州	70.79	90.94	91.76	90.94	70.50	105.6	122.03	156.4	193.4	200.24	10.96
巢湖	98.52	75.84	68.33	75.84	53.90	62.7	92.14	100.3	91.3	115.33	1.59
六安	55.27	64.23	62.04	64.23	70.60	71.4	89.76	92.0	108.2	151.65	10.62
亳州	79.36	98.33	98.91	98.33	83.00	84.3	91.15	98.9	100.1	95.15	5.59
池州	111.54	104.56	100.24	104.56	145.3	123.0	101.15	168.1	170.0	166.90	4.12
宣城	66.45	69.44	59.02	69.44	60.0	95.4	118.97	132.9	130.0	135.09	7.35

资料来源：历年《安徽省国内旅游市场抽样调查统计》。

（二）餐饮收入对旅游外汇收入贡献率

随着入境旅游的迅速发展，安徽省凭借中国八大菜系之一——徽菜美食和浓厚的安徽饮食文化，逐渐吸引了越来越多游客的青睐，推动了旅游餐饮外汇收入的不断增长。2000～2010 年，安徽省旅游餐饮的外汇收入从 1077.68 万美元上升到 7874.42 万美元，增长了 6.31 倍（其中 2003 年受“非典”影响，入境旅游市场受冲击，旅游餐饮外汇收入大幅度下降)；旅游餐饮的外汇收入在外汇总收入中的比例有所下降，这是旅游外汇收入结构改善和旅游业产业结构优化的表现。

表 6-7　2000～2011 年安徽省旅游餐饮外汇收入情况

年份	餐饮外汇收入（万美元）	所占比重（%）	年份	餐饮外汇收入（万美元）	所占比重（%）
2000	1077.68	12.50	2006	3332.99	14.70
2001	1077.91	10.20	2007	2476.83	7.20
2002	1238.20	10.00	2008	3363.00	7.40
2003	842.41	10.10	2009	5036.00	8.90
2004	914.50	6.50	2010	7874.42	9.60
2005	1818.69	9.80	2011	194520.99	7.40

资料来源：历年《安徽省统计年鉴》。

二、星级酒店内餐饮

星级酒店是旅游者在旅游目的地的大本营，承担着入住旅游者就餐的主要接待工作。2011 年，安徽省星级酒店达到 462 家，营业收入总额 60.74 亿元。近年来，随着旅游业整体发展，全省接待人次迅速提升，旅游市场扩大，安徽省星级酒店的建设速度加快，星级酒店数量增长讯速，旅游饭店的整体餐饮接待能力迅速提升。全省星级酒店总数由 2000 年的 163 家迅速增长到 2011 年的 462 家，其中五星级酒店增长 17 家，四星级酒店增长 96 家，三星级酒店增长 138 家。除此之外，安徽省各大旅游饭店顺应旅游市场上需求的多样化和个性化，逐渐改善游客用餐环境，推出特色主题菜品，让游客真正品味到安徽美食的魅力。

表 6-8　安徽省星级酒店数量增长情况

年份	2000	2001	2002	2003	2004	2005	2006	2007	2008	2009	2010	2011
一星	15	11	12	14	13	17	17	13	8	8	3	1
二星	90	146	170	186	188	202	195	187	186	186	166	152

续表

年份	2000	2001	2002	2003	2004	2005	2006	2007	2008	2009	2010	2011
三星	52	70	83	92	103	111	125	143	166	170	182	190
四星	6	12	17	20	32	38	50	55	69	82	88	102
五星	0	2	3	4	5	5	5	5	5	10	14	17
总计	163	241	285	316	341	373	392	403	434	456	453	462

数据来源：历年《安徽统计年鉴》。

三、本地老字号餐饮

随着安徽省旅游餐饮业的发展，安徽省本地特色餐饮品牌逐渐发展壮大，为全省的旅游餐饮注入了本乡本土的色彩。如中华老字号“同庆楼”、中华名小吃“肥西老母鸡”（2012年3月升级为“老乡鸡”）、“庐州烤鸭店”等老字号餐饮近年来发展迅速，受到广大旅游者的喜爱。“同庆楼”目前在合肥、芜湖、南京和无锡等地共拥有“同庆楼”系列品牌酒店近30家，生意火爆，广受好评。2010年，经中国贸促会和上海世博局推选，“同庆楼”作为中华八大菜系之徽菜唯一代表企业入驻世博会，赢得海内外宾客广泛赞誉。“肥西老母鸡”自2003年10月2日对外营业，现今在安徽省已拥有160家餐饮连锁店，遍布省内城市并布局其他省份。“庐州烤鸭店”曾被中国烹饪协会授予“中华餐饮名店”，2007年营业额达2500万元以上。

四、农家乐餐饮

农家乐是农民向城里人提供的一种回归自然、放松身心、愉悦精神的新兴休闲旅游方式。其中，农家乐餐饮是农家乐旅游极其重要的组成部分。它使用本地村民或自家劳动力作为厨房餐厅员工；利用乡村自建房屋作为餐厅、厨房；采用本地的农产品作为烹饪原料制作菜品，为游客提供餐饮服务。随着农家乐旅游越来越受到广大游客喜爱，安徽省农家乐餐饮市场也逐步扩大。

自从安徽省出台《安徽省农家乐等级划分与评定标准》展开星级农家乐评定工作以来，涌现出一批优秀的农家乐经营单位，比较具有代表性的有：黄山市黄山区芙蓉山庄、芜湖怡龙生态园、六安市舒城县万佛湖在水一方民俗村、六安市金寨县天堂寨万宝园农庄等。安徽农家乐餐饮凭借静谧的田园风光、回归自然的用餐环境、绿色健康的农家美食、热情好客的农家主人得到了长足发展。截至 2011 年底，安徽省拥有星级农家乐 837 家，其中五星级农家乐 55 家，四星级农家乐 105 家。

五、特色主题餐饮

近年来我国各地悄然兴起主题筵席开发热，如呈现昔日帝王专享美食的"无锡乾隆江南宴"、苏东坡终老之地常州研发出的"龙城东坡宴"、以古典文学名著为基础衍生出的"扬州红楼宴"等。这些主题筵席以饭店为开发主体，依托当地的各类自然与历史文化资源，在有形食物产品上创造了极高的无形文化附加值，让旅游者感觉到是在吃文化、品历史，对高端旅游者具有相当的吸引力。在全国主题筵席热潮的宏观背景下，安徽省也相继涌现出许多主题餐饮，受到了广大游客的青睐，例如："风波庄"侠文化特色餐饮、包公宴、李府家宴、黄梅宴、方腊主题餐饮等。这些主题餐饮不仅让游人享受到安徽的特色美食，而且在游客用餐的过程中传递了安徽的文化，提升了旅游餐饮评价和目的地的整体旅游形象。

第三节 旅游住宿业

住宿是旅游者在异地过夜停留的一项基本需要。住宿业是旅游经济中规模最大、范围最广的一部分，在旅游业中占据举足轻重的地位。近年来，随着我国旅游业的蓬勃发展，安徽省旅游住宿业无论在行业规模、住宿类型，还是在服务质量、经济收益等方面都取得了很大进步。

一、国内旅游过夜旅游者人次

过夜旅游者是旅游目的地住宿业的主要服务对象，过夜旅游者人次研究对于衡量旅游住宿业的市场空间具有重要的意义。近年来，在安徽省旅游人次总量增长的带动下，国内旅游过夜旅游人次也呈现迅速增长的态势。除了2003年“非典”冲击旅游业，国内旅游过夜人次出现下降之外，1999～2011年一直持续上升。其中，1999年全省过夜旅游人次仅为2184万人次；2011年，接待过夜旅游人次升至14156万人次，比1999年增长了11972万人次，年均增长率达16.85%。过夜旅游者人数的迅速增长为安徽省旅游住宿业提供了广阔的市场保证。

表6-9 安徽省国内过夜旅游者人数及收入

年份	过夜旅游者人数（万人次）	过夜旅游收入（万元）	年份	过夜旅游者人数（万人次）	过夜旅游收入（万元）
1999	2184	1297940	2006	4998	3593652
2000	2344	1454389	2007	6248	4896745
2001	2786	1669000	2008	7372	6022946
2002	3120	1906789	2009	8366.94	6983100
2003	3019	1734503	2010	10017	8820568
2004	3627	2370864	2011	14156	14291600
2005	3767	2685996			

资料来源：历年《安徽统计年鉴》。

二、国内旅游人均住宿消费

从表3-23近10年安徽省国内旅游人均消费一览表可以看出，人均住宿消费额从2000年到2004年一直呈现增长趋势，但是从2005年至今，全省人均住宿消费额却呈现波动下降趋势。另外，从表3-24人均消费构成来看，国内旅游者住宿消费比重近10年来总体是下降的。这一现象正好符合了安徽省旅游行业产业结构优化的趋势，住宿、餐饮等基本消费比重逐渐下降，而购物、娱乐等消费比重逐渐上升。

安徽省各市国内旅游人均住宿消费变化趋势与全省基本保持一致，大部分城市人均住宿消费额10年来保持上升趋势，但是从消费构成来看，住宿消费所占比重有所下降。从人均住宿消费静态比较看，

2000～2007 年黄山市国内旅游人均住宿消费额一直处于全省第 1 位；2008 年宣城、2009 年合肥超过黄山市跃居第 1。另外，从国内旅游人均住宿消费平均增长率看，10 年来增长最快的是宣城、六安，其次是合肥、滁州、铜陵。但有些城市住宿消费额却出现下降，平均增长率为负值，例如：马鞍山、阜阳、池州、淮北、黄山、淮南、亳州等。

表 6-10 2000～2009 年安徽省各市国内旅游人均住宿消费一览表（单位：元，%）

城市	2000	2001	2002	2003	2004	2005	2006	2007	2008	2009	增长率
合肥	158.62	171.08	191.12	171.08	168.80	136.3	159.76	167.9	179.6	253.18	4.79
芜湖	134.66	137.08	159.52	137.08	143.20	137.6	146.05	147.8	147.7	159.43	1.70
蚌埠	106.96	76.83	74.47	76.83	64.60	105.7	98.64	91.5	110.4	118.20	1.00
淮南	118.86	102.24	172.82	102.24	117.40	144.4	103.85	110.9	108.1	102.12	-1.51
马鞍山	153.13	158.86	156.52	158.86	133.20	154.4	93.95	86.1	93.8	82.33	-6.02
淮北	99.85	90.58	92.83	90.58	116.80	144.8	72.79	45.8	80.7	78.82	-2.34
铜陵	112.81	124.75	126.74	124.75	133.40	150.4	156.33	185.4	183.2	175.98	4.55
安庆	132.63	150.08	115.14	150.08	95.70	91.7	86.89	89.9	82.9	148.36	1.13
黄山	164.22	190.73	231.60	190.73	266.00	264.2	241.57	210.8	188.9	130.65	-2.26
滁州	87.08	71.71	77.90	71.71	105.10	77.2	91.70	77.2	107.0	138.85	4.78
阜阳	81.88	69.94	101.45	69.94	79.90	74.6	63.34	43.4	63.8	46.19	-5.56
宿州	120.15	110.30	112.89	110.30	54.60	62.9	104.36	123.3	119.8	121.50	0.11
巢湖	96.69	71.74	85.51	71.74	70.30	52.2	55.47	98.0	85.4	107.67	1.08
六安	60	71.69	79.86	71.69	87.50	93.6	88.10	94.8	89.1	110.36	6.28
亳州	112.19	107.90	90.12	107.90	96.80	115.5	99.36	106.4	106.5	102.59	-0.89
池州	110.95	95.85	111.92	95.85	189.9	170.4	162.06	150.4	164.7	86.77	-2.42
宣城	67.16	87.37	78.41	87.37	77.4	94.2	158.68	182.0	191.1	163.62	9.31

资料来源：历年《安徽省国内旅游市场抽样调查统计》。

三、旅游住宿业外汇收入

安徽省国际旅游外汇收入中旅游住宿收入占据很大部分，2000～2006 年（2003 年受“非典”影响除外）旅游住宿外汇收入逐年上升，并且外汇贡献比率始终保持在 13%左右，2006 年上升到 25.50%；2007 年、2008 年由于安徽省国际旅游市场开始受到金融危机的影响，旅游住宿业也受到一定的冲击，外汇收入有所下降。但从表 6-11 来看，2009 年旅游住宿外汇收入较上一年开始有明显的回升，外汇收入上升到 6903.20 万美元，外汇贡献比例回升到 12.20%。

表 6-11　**2000～2010 年安徽省旅游住宿外汇收入情况（单位：万美元，%）**

年份	住宿外汇收入	所占比重	年份	住宿外汇收入	所占比重
2000	1207.00	14.00	2006	5781.72	25.50
2001	1268.13	12.00	2007	2889.64	8.40
2002	1770.62	14.30	2008	3862.90	8.50
2003	1096.80	13.15	2009	6903.20	12.20
2004	1955.62	13.90	2010	8776.69	10.70
2005	2208.41	11.90	2011	276009.51	10.50

资料来源：历年《安徽省统计年鉴》。

四、国内游客对住宿服务质量评价

《安徽省旅游市场抽样调查资料 2009》把国内游客对住宿服务质量的评价分为 5 个档次：好、较好、一般、较差、差。统计游客各个档次选择占总体的百分比，结果显示如表 6-12 所示：

表 6-12　**2009 年国内游客对安徽省住宿设施的质量评价（单位：%）**

地市	好	较好	一般	较差	差	地市	好	较好	一般	较差	差
合肥市	24.4	30.0	18.6	0.3	0.0	安庆市	17.1	50.5	28.6	2.7	0.0
芜湖市	26.4	43.8	12.6	0.1	0.0	黄山市	30.8	39.7	17.0	0.4	0.1
蚌埠市	25.7	34.2	9.5	0.1	0.0	滁州市	25.7	43.0	20.1	2.7	0.3
淮南市	23.3	32.2	12.8	0.2	0.0	阜阳市	28.5	17.2	23.0	0.3	0.0
马鞍山市	16.8	24.3	20.7	0.7	0.0	宿州市	8.8	59.6	30.8	0.9	0.0
淮北市	18.6	30.9	13.5	0.2	0.0	巢湖市	2.0	59.3	38.4	0.0	0.0
铜陵市	41.2	32.8	10.2	0.5	0.0	六安市	30.9	40.7	17.6	0.5	0.3

续表

地市	好	较好	一般	较差	差	地市	好	较好	一般	较差	差
亳州市	37.6	46.1	13.3	0.3	0.0	宣城市	37.2	40.2	18.6	0.8	0.0
池州市	47.0	46.1	6.9	0.0	0.0						

将国内游客对安徽省17城市住宿服务质量的好评（包括好、较好两个档次）加总进行比较，得出结果如表6-13所示：

表6-13　2009年国内游客对安徽省各地市住宿服务质量的评价（单位：%）

地名	好+较好（%）	排名	地名	好+较好（%）	排名
池州市	93.1111	1	安庆市	67.5823	10
亳州市	83.7153	2	巢湖市	61.2857	11
宣城市	77.3617	3	蚌埠市	59.8860	12
铜陵市	73.9907	4	淮南市	55.4739	13
六安市	71.6022	5	合肥市	54.4134	14
黄山市	70.5297	6	淮北市	49.5302	15
芜湖市	70.1500	7	阜阳市	45.7303	16
滁州市	68.7233	8	马鞍山	41.1333	17
宿州市	68.3707	9			

从表6-13中可看出，国内游客对池州、亳州、宣城、铜陵、六安、黄山、芜湖几个城市的住宿服务质量评价较好，好评占到总体评价的70%以上；国内游客对马鞍山、阜阳、淮北的住宿服务质量评价较差，这些城市应更加注意提升城市旅游住宿的服务质量；特别应该引起注意的是合肥市作为安徽省的省会，住宿服务质量好评在全省17城市中排名第14位，不符合城市本身的地位和旅游业发展的水平。

五、安徽省星级酒店

星级酒店是集住宿、餐饮、通信商务、康乐娱乐以及购物等多功能为一体，为游客提供包括“食、住、购、娱”等全方位服务的旅游住宿类型。目前，星级酒店始终是安徽省住宿业中最重要、最突出的部分，是为游客提供旅游住宿服务的主体。

（一）接待能力

从星级酒店总体接待能力看，安徽省近几年星级酒店建设速度加快，1995 年全省星级酒店仅 60 家，2011 年增长到 462 家（见表 6-8）。全省星级酒店的住宿接待能力逐渐提升，星级酒店客房数和床位数增长迅速。据《安徽省统计年鉴》，截至 2011 年，全省各酒店客房总数达 49002 间，床位数达 91908 张，是 2000 年的 2.15 倍和 1.90 倍。

表 6-14　安徽省星级酒店客房数和床位数增长情况

年　份	2000	2001	2002	2003	2004	2005	2006	2007	2008	2009	2010	2011
客房（间）	22824	20500	25430	26537	30156	34759	28597	35109	44316	44749	44982	49002
床位（张）	48318	41863	51670	53920	59043	67782	54432	65712	80194	81504	81867	91908
客房出租率（%）	50.98	52.30	54.70	53.23	66.10	63.19	62.11	64.50	62.02	61.36	59.27	54.51

数据来源：历年《安徽省统计年鉴》。

（二）经营状况

从安徽省星级酒店的营业收入和利润总额看，表 6-15 数据显示，安徽省星级酒店的营业收入 2006 年之前除 2003 年有所下降（主要受到“非典”的影响），其他年份均有所增长，平均增长率为 9.4%；2007 年和 2008 年两年主要受到全球金融危机的影响，安徽省星级酒店经营状况低靡，2006～2008 年营业收入平均下降率达到 20.91%；2009 年星级酒店经营有所好转，虽然营业收入增长不明显，但利润总额从 2008 年的 2292.50 万元增长到 28875 万元。

表 6-15　2000～2011 年安徽省星级酒店经营状况

年份	营业收入（亿元）	外汇收入（万美元）	利润总额（万元）	年份	营业收入（亿元）	外汇收入（万美元）	利润总额（万元）
2000	38.83	11296.45	−2125.56	2006	66.59	30053.42	38269.64
2001	32.11	13576.79	2543.28	2007	38.58	42400.48	22060.00

续表

年份	营业收入（亿元）	外汇收入（万美元）	利润总额（万元）	年份	营业收入（亿元）	外汇收入（万美元）	利润总额（万元）
2002	29.56	16022.46	12101.82	2008	41.65	54245.41	2292.50
2003	27.50	11268.29	−20356.16	2009	45.69	—	28875
2004	38.95	19000.00	7567.15	2010	50.38	—	21964
2005	51.75	24558.09	16960.99	2011	60.74	—	56200

数据来源：历年《安徽省统计年鉴》。注：外汇收入包括旅游商品出口创汇收入。

从表6-14中可以看出，目前安徽省星级酒店的客房出租率基本保持在55%左右。根据星级饭店行业评价标准，年平均客房出租率一星级和二星级定为70%～80%，三星级定为60%～65%，四星级和五星级定为50%～55%较为适宜。目前安徽省星级酒店的客房出租率能够达到行业标准要求。但是，2011年全国平均客房出租率为62.04%，湖南最高，达到78.63%。

客房房价又是星级酒店经营状况的另一个重要指标，只有高客房出租率和合理房价才能共同推动客房营业收入上升。但是，《2011年度全国星级饭店统计公报》显示，安徽省星级酒店2011年平均房价每间每晚244.73元，仅为上海平均房价的38.92%，全国平均房价的75.95%。鉴于此，安徽省星级酒店在今后发展中应该注意房价的合理制定，不能一味为了提高客房出租率定得太低，通过牺牲房价获取出租率是得不偿失的。目前，安徽省某些地市星级酒店的经营状况已经出现亏损。例如，2010年黄山星级酒店亏损严重，营业收入总额为6.47亿元，平均房价为244.77元/间夜，平均出租率仅为41.47%，利润总额为-6273万元。全国50个重点旅游城市拥有星级酒店5773家。在平均出租率、人均实现利润排名中，黄山市分别排名倒数第十位和倒数第五位。

（三）各市星级酒店

通过比较各市拥有客房数和床位数发现，安徽省酒店接待还主要以旅游业比较发达的黄山、合肥、安庆、六安、芜湖、宣城、池州等市为主，拥有客房及房间数占据全省相当大的比重。从客房出租率来看，黄山、安庆、芜湖、巢湖、马鞍山五市的客房出租率最高，超过全省平均客房出租率，达到70%以上，这些城市首先应明确现在的高出租率如果是在低房价的前提下取得的，可以适当提高房价，提升酒店的经济效益；如果目前房价合理，今后应注意进一步挖掘旅游住宿业的市场潜力，保持酒店理想的客房出租率；而铜陵、宿州、滁州、宣城、淮北、亳州、阜阳、蚌埠、合肥的客房出租率较低，低于平均水平，今后酒店可以在合理制定房价、宣传促销、提升服务质量等方面多作努力，尽量改善星级酒店的客房出租率。

表 6-16　2010 年安徽省各市星级酒店一览表

市名	合计（个）	五星（个）	四星（个）	三星（个）	二星（个）	一星（个）	房间数（个）	床位数（张）	客房出租率（%）
合肥	49	5	13	20	11		7856	13340	57.18
淮北	5	1		1	3		478	947	51.11
亳州	12		1	5	6		979	1816	52.36
宿州	6		1	4	1		549	1027	49.98
蚌埠	19	1	2	10	6		2060	3517	56.45
阜阳	10		2	4	4		921	1575	53.21
淮南	20		4	8	8		1554	2959	61.25
滁州	20	1	3	5	11		1734	3093	50.19
六安	32	1	6	15	10		3354	6305	61.04
马鞍山	20		5	9	6		1661	2917	70.58
巢湖	27		4	11	12		1828	3440	72.64
芜湖	28	1	5	8	14		2950	4915	74.13
宣城	37		4	16	15	2	2671	5018	51.04
铜陵	17		3	3	10	1	1199	2026	49.18
池州	30		6	15	9		2307	4457	68.19
安庆	44		7	14	23		3765	6843	75.14
黄山	77	4	22	34	17		9116	17672	79.15
总计	453	14	88	182	166	3	44982	81867	59.27

资料来源：《安徽省统计年鉴 2011》。

六、其他类型住宿业

（一）经济型酒店

近年来，安徽省经济型酒店以其简洁明快而时尚的外观、低廉的价格以及对商务需求的满足受到市场的欢迎，并取得良好的效益，整体发展势头强劲。在合肥各大经济型酒店的数量迅速增长，经济型酒店一线品牌自 2005 年进驻以来，数量已超过 100 家。一线连锁品牌纷纷制定出在皖扩张的计划。另外，经济型酒店利用本身物美价廉的优势，近年来客房入住率较高，例如，如家整体住宿率一直高达 90%以上；e 家快捷的住宿率也一直保持在 80%以上。经济型酒店作为安徽旅游住宿业另外一种主要住宿企业，承接了商务人士、工薪阶层和学生等消费群体的旅游住宿接待工作，为促进整个旅游住宿业行业竞争、优化旅游住宿业行业格局、提升行业服务质量和收益作出了重要贡献。

（二）新兴住宿类型

随着人民收入增长和生活水平的提高，在旅游过程中完善的服务设施、舒适的住宿环境、优质的服务等传统的住宿服务构成要素已经不能满足广大旅游者的个性化需求，整个旅游住宿业必须探索出时尚个性的住宿方式。因此，房车营地、露营帐篷、定期游轮等新兴的住宿方式应运而生。目前，安徽省已经展开房车营地的建设工作，由德国赖氏公司在黄山投建的房车露营地以及黄山潜口镇投资 10 亿元的自驾车营地项目都是典型的代表。另外，安徽省凭借长江黄金水道的优势，安庆、芜湖等市近年来陆续推出豪华游轮旅游线路，受到旅游者的青睐。安徽省借助山岳资源建设的野外露营地等特色旅游住宿，同样受到广大游客尤其是年轻一族的喜爱。

第四节　旅游交通业

旅游交通业是旅游业甚至整个国民经济发展的重要基础。经过“九五”、“十五”和“十一五”的艰苦努力，安徽省的综合交通运输得到快速发展，极大地提高了许多景区的可进入性，逐渐改变了交通运输对国民经济和旅游业发展的“瓶颈”制约状况，取得了令人瞩目的成就。

一、安徽省旅游综合交通网

经过多年努力建设和发展，安徽省目前已经初步形成了一个以合肥为中心，高速公路、干线铁路和长江黄金水道为骨架，二级公路、航空线路和内河航道为干线的水陆空综合交通网。

（一）航空

安徽省目前从事民用航空运输机场共有 5 个，分别为合肥、黄山、阜阳、安庆和池州九华山机场，其中民用机场 4 个，军民合用机场 1 个。目前，安徽省航空已全面打通了和中国港澳台地区、新加坡、韩国首尔、日本大阪的空中通道，航班增加到 22 个。安徽省拥有 3 条国际航线、3 条地区航线，可以通达境外 10 个城市和地区。安徽省最为重要的出境旅游目的地和入境旅游客源地市场，均可以通过直飞航班到达。与此同时，在国内航线市场，安徽省通往全国各地的航线已增至 64 条，每周航班达 531 个。

（二）公路

安徽省公路以合肥、阜阳、宿州、六安、滁州、芜湖、黄山、安庆、蚌埠等为枢纽，构成全省公路网。公路通达里程迅速增长，2001 年全省公路总里程仅为 65807 公里。截至 2011 年，全省公路总里程达 149535 公里，其中国道、省道 12510 公里，高速公路 3009 公里，一级公路 627 公里。

（三）铁路

安徽省目前有京沪、皖赣、陇海、螺阜、宁西等铁路干线穿境而过，与合京、合沪、合淮、宣杭、沪铜、铜九等铁路共同构成铁路交通网络。截至 2011 年，安徽省内铁路总里程为 3121 公里，比 2000 年增长 957 公里，铁路密度居全国中等偏上水平。而且，目前合宁、合武、京沪、合蚌 4 条高铁已经建成运营。

（四）水运

安徽省境内河流众多，水运资源丰富，发展内河航运的条件十分优越。长江、淮河干线境内里程分别为343公里、378公里，安庆、池州、铜陵、芜湖、马鞍山等主要港口，常年可通游轮。截至2011年底，安徽省内河航道总里程达6507公里，通航里程5605公里，分别位居全国第7位和第8位，其中高等级航道里程达1084公里，位居全国第5位。全省有17个港口，港口总吞吐能力达到2亿吨，居全国第3位。

二、国内旅游人均交通花费

从表6-17安徽省国内游客人均花费情况可以看出，游客用在交通上的花费增长并不明显，从2004年到2010年增长了13.84元，平均增长率为3.68%；从游客交通花费占总花费的比重来看，基本保持在8%左右，并无明显提升。一方面由于交通属于旅游活动中的基本需求，游客在此方面的花费变化不大；另一方面由于安徽省旅游产业结构的逐渐优化，游客用于娱乐、购物等非基本需求的花费逐渐增长，占据了越来越大的消费比重。

表6-17　2004～2010年安徽省国内游客人均花费情况（单位：元，%）

年份	游客人均总花费	交通花费	所占比重	年份	游客人均总花费	交通花费	所占比重
2004	656.30	57.10	8.70	2008	730.60	56.20	7.69
2005	661.50	56.63	8.56	2009	755.20	65.88	8.72
2006	646.26	46.75	7.23	2010	837.94	70.94	8.47
2007	713.81	57.21	8.01	2011	896.20	172.20	19.21

数据来源：历年《安徽省统计年鉴》。

安徽省各市由于地理区位、旅游资源禀赋、游客逗留时间、交通可进入性等方面存在很大差别，国内游客的人均交通消费额差距较大。黄山市在2000、2001和2003年，国内旅游人均交通消费额处于全省首位；合肥在2002年、2004～2009年人均交通消费取代黄山，居全省首位。池州、巢湖、蚌埠、宿州、铜陵、滁州、宣城、六安人均交通消费额近年来平均增长较快，均超过 5%。然而，亳州、淮南、黄山、阜阳等市的国内旅游人均交通消费呈负增长，今后应注意逐渐完善城市交通网，提高景区的可进入性，优化旅游交通基础设施及服务，逐步提高旅游交通业的经济贡献。

表 6-18 安徽省各市国内旅游人均交通消费一览表（单位：元，%）

城市	2000 年	2001 年	2002 年	2003 年	2004 年	2005 年	2006 年	2007 年	2008 年	2009 年	增长率
合肥	121.06	107.23	137.72	107.23	142.10	109.8	105.54	139.7	155.3	185.31	4.84
芜湖	75.73	68.27	86.45	68.27	123.50	129.8	109.71	82.2	78.4	85.45	1.35
蚌埠	52.58	35.95	44.59	35.95	51.60	72.9	48.10	65.1	80.2	100.24	7.43
淮南	55.7	53.25	60.74	53.25	34.00	41.1	39.22	53.2	44.5	34.33	−5.24
马鞍山	58.72	73.80	82.91	73.80	61.80	93.4	67.83	74.7	67.8	79.29	3.39
淮北	37.7	30.72	35.87	30.72	73.70	73.0	46.23	34.6	44.5	45.15	2.02
铜陵	50.31	47.96	56.85	47.96	66.50	75.9	69.58	78.8	78.9	92.06	6.94
安庆	72.16	71.94	62.70	71.94	70.90	76.9	65.31	66.8	61.7	76.20	0.61
黄山	126.47	116.84	118.55	116.84	101.60	100.2	90.15	107.7	114.6	81.26	−4.80
滁州	29.14	25.83	30.43	25.83	47.90	39.8	36.64	31.6	42.3	51.18	6.46
阜阳	48.69	37.29	65.35	37.29	58.70	82.5	64.30	40.9	47.0	37.90	−2.75
宿州	31.35	45.64	38.24	45.64	28.20	33.2	40.10	58.6	57.0	57.78	7.03
巢湖	28.67	26.19	36.25	26.19	36.70	31.2	39.00	62.8	50.7	63.55	9.25
六安	30.15	29.85	31.73	29.85	27.30	34.9	28.55	42.5	39.2	49.63	5.69
亳州	70.23	46.81	47.91	46.81	39.30	51.4	43.13	49.2	46.7	42.58	−5.41
池州	52.34	47.68	54.20	47.68	48.40	31.5	40.28	76.2	77.0	129.73	10.61
宣城	44.41	33.13	36.68	33.13	23.60	30.3	47.41	44.6	38.2	73.86	5.82

数据来源：历年《安徽省旅游市场抽样调查》。

三、旅游交通业国际旅游外汇收入

安徽省旅游业的快速发展带动了旅游业外汇收入的增长，同时安徽旅游交通业外汇收入也得到很大提升。2000 年，安徽省交通外汇收入仅为1888.10万美元，2010年高达26986.30万美元，10年累计增长25098.20万美元，平均增长率为30.47%。从长途交通对于外汇收入的贡献率来看，从2000年的21.90%增长到32.90%，平均增长率为4.15%。

表6-19　2000～2010年安徽省旅游交通对外汇收入贡献情况

年份	旅游外汇收入总额（万美元）	长途交通外汇收入（万美元）	所占比例（%）	年份	旅游外汇收入总额（万美元）	长途交通外汇收入（万美元）	所占比例（%）
2000	8621.45	1888.10	21.90	2006	22673.42	5509.64	24.30
2001	10567.80	3085.80	29.20	2007	34400.48	13553.79	39.40
2002	12381.96	2464.01	19.90	2008	45445.40	18087.20	39.80
2003	8340.69	2047.64	24.55	2009	56583.90	17031.80	30.10
2004	14069.23	2504.32	17.80	2010	82025.22	26986.30	32.90
2005	18558.09	4676.64	25.20	2011	2628662.00	820142.54	31.20

数据来源：历年《安徽省统计年鉴》。

从长途交通外汇收入构成比例静态比较看，民航是长途交通外汇收入的主体，铁路与汽车外汇收入比例基本持平。从三种方式的构成比例变化看，近年来民航外汇收入比例有所降低，主要由于安徽省铁路网及公路网逐步完善，火车逐年提速等原因对民航形成一定的冲击。另外，由于境内合宁高铁、合武高铁、京沪高铁、合蚌高铁的陆续开通，也导致铁路比重逐渐增加。

表6-20　安徽省长途交通外汇收入构成（单位：%）

年份	民航	铁路	汽车	轮船
1999	24.7	3.1	2.8	0.4
2000	14.1	3.8	3.3	0.7
2001	16.9	1.0	2.5	8.8
2002	16.3	2.4	1.2	—
2003	16.6	1.7	1.9	—
2004	13.8	3.4	0.6	—

续表

年份	民航	铁路	汽车	轮船
2005	19.1	3.1	1.5	—
2006	21.1	1.5	1.1	—
2007	33.9	1.4	2.2	—
2008	33.8	1.6	2.3	—
2009	18.2	3.4	4.5	—
2010	15.1	10.0	7.8	—
2011	23.7	2.9	2.9	—

数据来源：历年《安徽省统计年鉴》。

四、旅游交通服务质量评价

《安徽省旅游市场抽样调查资料 2009》把国内游客对交通服务质量的评价分为 5 个档次：好、较好、一般、较差、差。统计游客各个档次选择占总体的百分比。结果如表 6-21 所示：

表 6-21　**2009 年安徽省旅游交通服务质量评价**（单位：%）

地市	好	较好	一般	较差	差	地市	好	较好	一般	较差	差
合肥市	30.2	26.6	42.0	1.1	0.1	安庆市	25.6	34.9	33.4	5.5	0.1
芜湖市	24.4	44.5	24.0	2.1	0.9	黄山市	30.7	47.5	20.1	0.6	0.8
蚌埠市	31.7	47.9	18.8	0.8	0.0	滁州市	19.4	38.0	30.9	8.0	1.2
淮南市	17.8	36.1	34.3	2.8	0.4	阜阳市	30.8	35.6	29.3	2.4	1.9
马鞍山	19.7	42.0	27.5	2.7	0.2	宿州市	8.9	59.7	30.4	0.9	0.0
淮北市	29.3	53.5	15.3	0.9	0.7	巢湖市	1.6	56.3	42.1	0.0	0.0
铜陵市	30.5	47.2	19.8	1.9	0.0	六安市	21.8	42.4	26.1	6.6	0.4
亳州市	33.6	36.3	28.1	1.8	0.0	宣城市	29.6	39.9	25.1	4.0	1.3
池州市	38.8	44.3	16.9	0.0	0.0						

将国内游客对安徽省 17 个城市交通服务质量的好评（包括好、较好两个档次）加总进行比较，得出结果，如表 6-22 所示：

表 6-22　2009 年安徽省旅游交通服务质量评价

地市	好+较好（%）	排名	地名	好+较好（%）	排名
宿州市	89.0572	1	阜阳市	66.4848	10
巢湖市	86.6614	2	宣城市	66.03	11
芜湖市	86.4786	3	铜陵市	62.5581	12
六安市	84.5356	4	安庆市	60.4875	13
淮北市	80.9884	5	滁州市	58.094	14
黄山市	80.8196	6	合肥市	56.8043	15
马鞍山	76.3478	7	亳州市	56.1083	16
池州市	72.4035	8	淮南市	54.9242	17
蚌埠市	71.907	9			

从评价统计结果发现，国内游客对宿州市、巢湖市、芜湖市、六安市的交通服务质量评价较高，好评占 84%以上；淮南市、亳州市、合肥市、滁州市的交通服务质量评价较低，好评在 60%以下，这些城市应该从完善交通网络、改善交通基础设施、提高从业人员素质等方面努力提高交通服务质量，尽量避免因为交通问题影响整个城市的旅游形象。

五、旅游交通业存在的主要问题

（一）现有道路资源未充分利用

据《2012 年安徽省统计年鉴》表明，2011 年安徽省国道年平均交通流量为 15304.0 辆/天，而实际适应的交通流量为 25361.0 辆/天，道路流量闲置 10057 辆/天，交通拥挤度为 60.34%；省道年平均交通流量为 8656.0 辆/天，而实际适应的交通流量为 14265.0 辆/天，道路流量闲置 5609 辆/天，交通拥挤度 60.68%。因此，安徽省应加强对于交通运输的科学管理，使得现有道路资源的效益充分发挥出来。

（二）交通运输管理体制不完善

目前，安徽省铁路、港口、机场的管理体制基本上是政企合一的管理模式，经营机制比较死，实行封闭式的垄断经营，不少管理方式和方法与市场经济的要求背道而驰，行业发展受到制约；地方国有、集体运输企业与个体、私营运输企业进入市场和在市场中的待遇不同，一些运输线路依然存在垄断经营，市场竞争不公平，竞争机制不完善；基础设施投资及管理体制不健全，国有资产管理和运作不规范，公路、铁路等基础设施养护管理尚未市场化。

（三）各市交通现状与旅游业发展未较好契合

有关数据表明，公路旅客运输量占交通系统全部旅客运输量的90%以上，是主要的旅游交通方式。但是，从安徽省各市公路里程数排名与旅游总收入排名看，存在着交通地区分布不均衡、有些城市的旅游交通与旅游业发展并不同步的问题。由表6-23不难看出，旅游总收入较高的合肥市、黄山市、池州市、安庆市、芜湖市，公路里程总数在全省排名并不太靠前，与旅游总收入排名差分别为8位、10位、7位、2位、8位。另外，旅游总收入较低的亳州市、宿州市、阜阳市，公路里程总数排名比较靠前，比旅游总收入排名分别提前5位、10位、5位。

表6-23 2010年安徽省各市旅游收入与公路里程对比

地市	国内旅游总收入（万元）	排名	地市	公路里程总数（公里）	排名
合肥	2252600	1	六安	16200	1
黄山	1822300	2	安庆	14956	2
池州	1192100	3	滁州	14538	3
安庆	1191400	4	巢湖	13266	4
芜湖	741000	5	宿州	12612	5
宣城	425600	6	宣城	11956	6
滁州	385300	7	阜阳	11382	7
巢湖	383100	8	亳州	10803	8
六安	371900	9	合肥	8512	9
马鞍山	371100	10	池州	6828	10
蚌埠	362200	11	蚌埠	6493	11
阜阳	282500	12	黄山	5509	12

续表

地市	国内旅游总收入（万元）	排名	地市	公路里程总数（公里）	排名
亳州	273358	13	芜湖	4809	13
淮南	254300	14	淮南	4180	14
宿州	247100	15	淮北	3560	15
铜陵	224400	16	马鞍山	2223	16
淮北	167800	17	铜陵	1555	17

数据来源：由2011年《安徽省统计年鉴》整理。

第五节　旅游景区业

旅游景区，是指具有吸引国内外游客前往游览的明确的区域场所，能够满足游客游览观光、消遣娱乐、康体健身、求知等旅游需求，具备相应的旅游服务设施并提供相应旅游服务的独立管理区。旅游景区作为旅游业的核心要素和旅游产品的主体成分，是旅游产业链中的中心环节、旅游消费的吸引中心、旅游产业面的辐射中心。在全省旅游业加速发展的带动下，经过多年发展，安徽省旅游景区业无论在景区基础设施完善、景区形象提升，还是在景区可进入性改善、门票收入增长等方面都取得了丰硕的成果。

一、旅游景区资源

截至2011年底，安徽省A级旅游景区共有377家，4A级以上达到116家，A级景区总数居中部第1位，全国第3位。2011年，全省A级景区接待游客1.06亿人次，位居全国第12位；营业收入达108.6亿元，位居全国第5位；其中门票收入41.14亿元，位居全国第7位。

表 6-24 2011 年全国各地区旅游景区一览表（单位：家）

地区	旅游景区总数	5A	4A	3A	2A	A
总计	5573	130	1814	1840	1661	128
北京	213	6	65	80	46	16
天津	56	2	14	28	12	0
河北	280	5	105	66	102	2
山西	95	3	55	8	25	4
内蒙古	211	2	38	84	83	4
辽宁	231	3	60	106	53	9
吉林	123	3	18	37	39	26
黑龙江	203	3	39	87	72	2
上海	71	3	35	33	0	0
江苏	411	10	118	96	187	0
浙江	301	9	123	72	89	8
安徽	377	4	112	117	141	3
福建	97	4	53	17	23	0
江西	115	3	46	29	37	0
山东	496	6	132	175	178	5
河南	235	8	81	103	43	0
湖北	243	6	84	86	63	4
湖南	170	5	56	75	32	2
广东	176	7	107	49	13	0
广西	149	2	81	58	8	0
海南	37	3	14	14	6	0
重庆	105	4	44	31	25	1
四川	215	5	88	54	67	1
贵州	68	2	22	28	16	0
云南	183	5	56	32	80	10
西藏	41	0	11	7	22	1

续表

地区	旅游景区总数	5A	4A	3A	2A	A
陕西	147	5	35	70	33	4
甘肃	157	3	41	48	63	2
青海	70	1	17	47	5	0
宁夏	35	3	10	14	8	0
新疆	262	5	54	89	90	24

资料来源：《中国旅游统计年鉴 2012》。

二、旅游景区吸引力

旅游景区是旅游目的地发展旅游业的物质条件，而景区吸引力的大小又成为接待游客数量增长的重要动力因素。近年来，安徽省无论是入境旅游人次还是国内旅游人次都有很大的增长，一个重要原因就是安徽丰富多彩的旅游景区带给游客一贯的吸引力，成为游客来皖的重要目的之一。2009 年安徽省对 27457 名游客出游目的的抽样调查显示，13892 名游客选择了观光游览，占到总数的 50.6%，远远超过了文化体育、健康疗养、宗教朝拜、会议等其他出游目的。

安徽省景区在各市的分布不均衡导致了各城市的景区吸引力差距很大。2009 年对 27457 名游客出游目的的调查显示：黄山市、芜湖市、六安市因休闲观光度假前往此地的游客在全省中最多，分别为 3768 名、1347 名、1231 名，占总体的 78.2%、67.2%、66.9%；其次是巢湖市、宣城市、马鞍山市、淮北市、滁州市，各占 67.6%、63.9%、57.8%、51.8%、51.8%；合肥市、安庆市、蚌埠市出于休闲观光度假目的前往的游客仅占总体的 15.9%、20.3%、25.5%，景区吸引力与其他城市相比较低。

表 6-25　安徽省各城市景区吸引力情况

地市	选择观光目的游客人数（个）	占总体比例（%）	地市	选择观光目的游客人数（个）	占总体比例（%）
合肥市	354	15.9	滁州市	737	51.8
芜湖市	1347	67.2	阜阳市	756	46.8
蚌埠市	447	25.5	宿州市	247	39.6
淮南市	615	47.9	巢湖市	580	67.6
马鞍山市	939	57.8	六安市	1231	66.9
淮北市	523	51.8	池州市	416	49.3
铜陵市	262	37.0	亳州市	621	43.2
安庆市	522	20.3	宣城市	527	63.9
黄山市	3768	78.2			

三、旅游景区业经济贡献

以观光游览、休闲度假为主要功能的景区点，是旅游业的主要产业要素之一，同时也是满足游客在旅游活动中娱乐需求的重要部分。通过多年的开发建设，安徽省旅游景区业初具规模，景区业收入成为旅游业收入的重要源泉，对推动全省旅游发展发挥了积极的作用。

（一）旅游景区接待人次及门票收入

随着安徽省旅游业发展和全省景区加快建设，各旅游景区的接待人次和门票收入持续增长，为全省旅游业总收入注入了一大笔资金，同时也为景区自身的持续发展和保护奠定了经济基础。2011 年，全省 68 家重点监测旅游景区（点）接待游客 7457.46 万人次，增长了 70.79%；门票收入 20.82 亿元，增长了 45.19%。

表 6-26 2011 年安徽省重点监测景区旅游接待情况排名表

序号	旅游区（点）名称	接待人数（万人）	同比增长（%）	门票收入（万元）	同比增长（%）
01	合肥市徽园	94.30	29.70	713.30	29.90
02	合肥市包公园	43.99	10.64	1068.01	16.22
03	合肥市野生动物园	104.31	18.54	1998.42	19.14
04	合肥市三河古镇	152.00	14.00	555.00	6.00
05	省博物馆	180.00	35.00		
06	黄山市黄山风景区	274.40	8.96	55500.74	14.18
07	黄山市花山谜窟—渐江景区	35.25	−2.16	1282.26	5.04
08	黄山市翡翠谷景区	88.74	21.57	3754.05	36.29
09	黄山市太平湖景区	85.53	19.85	1417.00	26.90
10	黄山市芙蓉谷	63.76	25.37	1634.62	39.70
11	黄山市黟县西递	71.95	4.13	3429.40	27.48
12	黄山市黟县宏村	122.51	11.44	6578.34	35.47
13	黄山市棠樾牌坊群·鲍家花园	110.73	−1.00	3099.86	7.08
14	黄山市徽州古城景区	51.68	15.35	513.69	17.37
15	黄山市祁门牯牛降景区	34.75	19.25	1321.40	19.02
16	黄山市齐云山景区	49.86	40.15	1669.22	49.88
17	黄山市唐模景区	28.01	29.30	604.57	23.00
18	黄山市呈坎景区	37.79	42.84	1872.72	43.48
19	黄山市潜口民宅景区	40.01	21.67		
20	黄山市九龙瀑景区	41.56	20.36	1003.49	34.15
21	黄山市赛金花故居—归园景区	5.20	27.34	90.60	44.29
22	黄山市新安江山水画廊	19.01	36.36	697.35	43.11
23	黄山市南屏景区	7.75	1.27	146.78	6.71
24	黄山市东黄山度假区	21.77	12.11	0.00	0.00
25	黄山市雄村景区	2.87	-5.03	37.22	−5.70
26	蚌埠市龙子湖	240.20	5.40	0.00	0.00

续表

序号	旅游区（点）名称	接待人数（万人）	同比增长（%）	门票收入（万元）	同比增长（%）
27	蚌埠市禾泉	63.50	24.90		
28	池州市九华山风景区	518.96	23.76	31697.75	28.00
29	池州市九子岩风景区	211.62	33.00	1712.80	97.00
30	安庆市花亭湖景区	293.80	25.02	233.50	22.38
31	安庆市天柱山风景区	262.81	35.00	9419.64	36.50
32	宣城市恩龙山庄生态旅游区	74.34	21.51	3397.00	22.91
33	宣城市泾县新四军军部旧址	61.80	21.08		
34	宣城市绩溪龙川景区	62.30	25.00	2729.00	54.00
35	宣城市太极洞景区	46.83	6.00	1894.65	6.00
36	宣城市旌德县江村	23.61	30.23	1379.00	39.42
37	宣城市水西景区	83.10	34.88		
38	宣城市桃花潭景区	24.35	37.42	1000.26	51.37
39	宣城市鄣山大峡谷	34.90	45.00	1165.00	61.00
40	宣城市湖村	23.26	33.00	710.16	42.00
41	宣城市查济	27.44	27.39	1148.86	38.08
42	宣城市白马山庄	38.87	82.12		
43	阜阳市生态乐园	133.20	26.85	2930.00	62.70
44	池州市大王洞	67.82	49.00	1856.33	47.00
45	阜阳市八里河景区	290.10	5.62	6667.37	62.50
46	巢湖市金孔雀度假村	63.70	51.30	3351.60	-10.23
47	马鞍山市采石景区	44.21	6.94	740.63	11.71
48	滁州市凤阳县小岗村景区	71.09	31.09	86.51	44.96
49	滁州市琅琊山景区	77.91	12.75	1569.96	13.12
50	滁州市凤阳县狼巷迷谷风景区	26.43	24.03	783.67	21.79
51	芜湖市方特欢乐世界	222.41	7.00	30182.30	6.00
52	芜湖市赭山景区	429.00	21.00	711.00	18.00
53	芜湖市马仁奇峰景区	45.90	30.00	1435.00	32.00

续表

序号	旅游区（点）名称	接待人数（万人）	同比增长（%）	门票收入（万元）	同比增长（%）
54	芜湖市丫山花海石林	39.10	60.34	2226.00	63.75
55	芜湖市鸠兹风景区	609.30	2.40	0.00	0.00
56	芜湖市王家祥纪念园	47.90	38.00		
57	铜陵市天井湖景区	363.86	39.80		
58	淮北市相山风景区	366.00	42.50	529.54	35.20
59	池州杏花村旅游景区	22.40	79.00	503.00	202.00
60	淮南市八公山旅游区	98.14	8.78	789.61	3.71
61	六安市天堂寨风景区	77.07	38.60	2376.69	70.60
62	六安市万佛湖景区	69.81	16.50	3071.64	16.50
63	六安市独山革命旧址群景区	66.30	51.00	246.50	81.50
64	六安市红军广场景区	74.50	41.40		
65	六安市佛子岭景区	79.90	25.60	682.00	26.70
66	六安市大别山主峰景区	55.80	28.60	719.00	29.30
67	六安市寿县八公山	121.40	30.00	1281.00	36.00
68	六安市寿县博物馆	34.80	34.00		

注：以上数据由各市旅游局或旅游景区（点）提供。

（二）景区游览人均消费

纵观安徽省各城市国内旅游者人均游览消费情况，全省所有城市2001～2009年人均游览消费都有所增长。其中，池州市的人均旅游消费平均增长率最高，达150.89%。尤其是2006～2009年增长幅度较大，主要原因是池州市九华山在这几年为争创国家5A级旅游景区加快完善规划发展，并于2007年获评全国首批5A级景区，知名度大幅提升；另外，九华山作为我国四大佛教圣地之一，信徒、香客众多，消费远超一般游客。芜湖市人均游览消费的平均增长率也较高，达46.90%，特别是2008年中国目前规模最大的第四代主题公园——方特欢乐世界对外开业，吸引了众多旅游者前往游览，人均游览消费也从2007年的55.1元跳跃到2008年的151.0元。黄山市人均游览消费在2001～

2005 年一直上升，但 2005 年之后一直下降，到 2009 年下降至 180.26 元，平均增长率仅为 0.2%。主要原因是黄山作为老牌的旅游景区，并不像九华山发展势头比较强，总体上已经跨过了快速发展的阶段，逐渐步入了巩固发展的阶段，景区收入等各个方面的增长不再保持高增长率。

表 6-27　安徽省各市国内旅游者游览人均消费一览表（单位：元，%）

城市	2001	2002	2003	2004	2005	2006	2007	2008	2009	增长率
合肥	29.52	31.52	29.52	40.30	25.9	41.28	65.0	41.5	37.94	2.83
芜湖	4.71	5.40	4.71	10.30	12.7	29.55	55.1	151.0	150.00	46.90
蚌埠	6.75	11.10	6.75	6.70	7.3	11.73	13.0	15.8	10.01	4.48
淮南	12.25	14.25	12.25	15.90	22.8	22.91	30.4	28.7	33.98	12.00
马鞍山	31.41	34.96	31.41	33.50	54.6	50.67	48.0	63.5	66.04	8.61
淮北	3.38	2.83	3.38	20.70	16.4	14.32	12.8	15.7	16.18	19.00
铜陵	5.72	4.67	5.72	4.60	8.2	16.96	33.1	31.9	24.95	17.78
安庆	44.24	57.12	44.24	70.50	71.8	73.64	71.6	67.1	72.02	5.56
黄山	177.07	196.59	177.07	253.70	327.5	254.74	119.2	184.7	180.26	0.20
滁州	20.28	32.18	20.28	40.90	31.7	41.08	63.0	33.4	65.97	14.19
阜阳	21.78	23.68	21.78	39.40	38.7	34.05	35.7	23.0	31.70	4.26
宿州	16.98	16.04	16.98	16.70	11.5	12.55	17.6	17.7	17.95	19.84
巢湖	22.94	34.52	22.94	34.50	34.6	76.22	85.3	68.5	82.80	7.93
六安	34.12	25.79	34.12	50.20	57.4	67.65	85.8	67.7	86.58	10.90
亳州	30.33	24.63	30.33	29.70	28.2	32.22	39.8	34.9	45.60	4.63
池州	73.81	87.10	73.81	137.5	138.5	207.05	178.2	277.1	261.47	150.89
宣城	38.15	46.67	38.15	63.6	67.5	64.45	114.8	79.0	95.16	10.75

数据来源：历年《安徽省旅游市场抽样调查》。

（三）景区游览的国际旅游外汇收入贡献

从 2000～2011 年安徽省景区游览外汇收入情况看，全省景区游览外汇收入总体上是保持上升的，2000 年仅为 293.13 万美元，2010 年上升到 3691.13 万美元。从景区游览外汇贡献比例看，除了 2002 年和

2004 年比较高，其他年份基本上保持在 4%左右。

表 6-28　2000～2011 年安徽省景区游览对外汇收入贡献情况

年份	旅游外汇收入总额（万美元）	景区游览外汇收入（万美元）	所占比例（%）	年份	旅游外汇收入总额（万美元）	景区游览外汇收入（万美元）	所占比例（%）
2000	8621.45	293.13	3.40	2006	22673.42	997.63	4.40
2001	10567.80	380.44	3.60	2007	34400.48	791.21	2.30
2002	12381.96	879.12	7.10	2008	45445.40	1181.60	2.60
2003	8340.69	446.23	5.35	2009	56583.90	2433.10	4.30
2004	14069.23	1027.05	7.30	2010	82025.22	3691.13	4.50
2005	18558.09	686.65	3.70	2011	2628662.00	139319.09	5.30

数据来源：历年《安徽省统计年鉴》。

四、景区游览服务的质量

旅游景区服务质量是影响景区吸引力的另一重要因素。旅游景区的环境卫生、旅游接待服务、信息标识、餐饮服务、购物服务等多方面共同构成了游客对某景区的服务质量评价。根据安徽省 2008、2009 年国内旅游者对旅游景区服务质量评价可以看出，好评虽然有所提升，但是，较差和差的评价却从 1.3%上升到 1.7%。由此可以看出，安徽省旅游景区服务质量仍然需要进一步提升。

表 6-29　2008、2009 年安徽省旅游景区服务质量评价统计（单位：%）

年份	好	较好	一般	较差	差	未使用
2008	27.4	36.7	21.2	1.0	0.3	13.5
2009	27.4	39.7	16.7	1.5	0.2	14.5

《安徽省旅游市场抽样调查资料 2009》把国内游客对旅游景区服务质量的评价分为 5 个档次：好、较好、一般、较差、差。统计游客各个档次选择占总体的百分比。结果如表 6-30 所示：

表 6-30 **2009 年国内游客对旅游景区服务质量评价（单位：%）**

地市	好	较好	一般	较差	差	地市	好	较好	一般	较差	差
合肥	5.4	39.6	14.8	0.1	0.0	滁州	15.6	32.6	16.6	2.3	0.3
芜湖	42.9	45.5	10.6	0.5	0.1	阜阳	30.0	22.9	15.1	0.0	1.1
蚌埠	18.3	37.3	16.9	1.4	0.2	宿州	6.3	61.0	31.5	1.3	0.0
淮南	15.9	31.5	18.7	1.7	0.4	巢湖	12.1	51.4	35.7	0.0	0.0
马鞍山	26.8	42.3	18.0	1.2	0.0	六安	50.3	33.7	9.4	1.6	0.1
淮北	6.7	27.7	35.1	4.0	0.2	亳州	32.8	32.1	26.3	0.5	0.3
铜陵	7.2	23.5	7.7	0.5	0.2	池州	59.3	36.0	4.7	0.0	0.0
安庆	16.6	51.4	22.3	4.3	0.0	宣城	45.0	27.5	15.1	2.4	0.3
黄山	53.9	36.8	7.8	0.6	0.2						

将国内游客对安徽省 17 个城市交通服务质量的好评（包括好、较好两个档次）加总进行比较，得出结果如表 6-31 所示：

表 6-31 **2009 年国内游客对旅游景区服务质量评价**

地市	好+较好（%）	排名	地市	好+较好（%）	排名
池州	95.3	1	巢湖	63.6	10
黄山	90.7	2	蚌埠	55.6	11
芜湖	88.4	3	阜阳	52.8	12
六安	84.0	4	滁州	48.2	13
宣城	72.5	5	淮南	47.4	14
马鞍山	69.2	6	合肥	45.0	15
安庆	68.1	7	淮北	34.4	16
宿州	67.3	8	铜陵	31.0	17
亳州	64.9	9			

从评价统计结果发现，池州市、黄山市、芜湖市作为安徽省旅游资源丰富的城市，景区游览总体服务质量评价较高，好评占到 88%以上。合肥市作为安徽省的省会，其景区游览服务质量评价较低，好评

仅占 45%，在全省各城市中位于第 15 位。合肥市在今后的旅游发展中，一方面应尽力做好旅游景区功能的再延伸，满足旅游者多样化需求，提升景区吸引力；另一方面完善景区基础设施、提高从业人员素质，努力改善景区服务质量评价低的现实状况。

第六节 旅游购物业

旅游购物是游客为了满足其需要而购买、品尝，以及在购买过程中的观看、娱乐、欣赏等行为。旅游购物作为一种旅游行为，对当地社会文化、经济、其他领域以及旅游政策都产生影响。旅游购物作为旅游业六大要素之一，在旅游业发展中占有十分重要的地位。

一、旅游购物业发展状况

（一）旅游购物业外汇收入贡献

自 2000～2011 年，安徽省旅游购物的外汇收入得到大幅度增长，已经从 2000 年的 1681.18 万美元上升到 2010 年的 19111.88 万美元，增长了 10.37 倍。旅游购物对于安徽省旅游外汇收入的贡献也越来越大。旅游购物外汇收入占外汇总收入比重从 2000 年到 2005 年（除 2003 年“非典”影响外）一直在增长，2005 年占总外汇收入的 32.10%。2006～2009 年虽然受到全球金融危机的冲击，但是旅游购物外汇收入在 2007 年就得到迅速回升。这也在一定程度上反映出旅游购物比起其他旅游产业更具有应对波动的弹性，大力发展旅游购物可弥补旅游业发展的脆弱性缺点。

表 6-32　2000～2011 年安徽省旅游购物外汇收入贡献情况

年份	外汇收入总额（万美元）	购物外汇收入（万美元）	所占比例（%）	年份	外汇收入总额（万美元）	购物外汇收入（万美元）	所占比例（%）
2000	8621.45	1681.18	19.50	2006	22673.42	3242.30	14.30
2001	10567.80	2483.43	23.50	2007	34400.48	8496.92	24.70
2002	12381.96	3231.69	26.10	2008	45445.40	10952.30	24.10
2003	8340.69	2068.49	24.80	2009	56583.90	14089.40	24.90
2004	14069.23	3840.90	27.30	2010	82025.22	19111.88	23.30
2005	18558.09	5957.15	32.10	2011	2628662.00	644022.19	24.50

数据来源：历年《安徽省统计年鉴》。

（二）国内旅游人均购物消费

根据安徽省统计年鉴，国内游客人均消费中用于旅游购物的花费越来越多，而且占的比重越来越大：2000 年，国内游客旅游购物人均消费为 90.98 元，占总消费的 17.99%；2010 年，国内游客旅游购物人均消费为 185.99 元，超过了人均住宿消费，位居第 1 位，占总消费的 22.20%；2000～2010 年旅游购物人均消费年均增长率为 7.41%。

表 6-33　2000～2011 年安徽省国内游客人均购物消费

年份	游客人均总花费（元）	购物花费（元）	所占比重（%）
2000	505.6	90.98	17.99
2001	521.15	95.03	18.23
2002	572.98	104.12	18.17
2003	521.15	95.03	18.23
2004	656.30	126.50	19.27
2005	661.50	128.91	19.49
2006	646.26	126.56	19.58
2007	713.81	157.42	22.05
2008	730.60	178.80	24.47

续表

年份	游客人均总花费（元）	购物花费（元）	所占比重（%）
2009	755.20	185.15	24.52
2010	837.94	185.99	22.20
2011	896.20	140.40	15.67

数据来源：历年《安徽省统计年鉴》。

从安徽省各市国内旅游人均购物消费看，2000～2010 年全省 17 个城市旅游购物人均消费都保持了增长。其中宣城市旅游购物人均消费增长最快，从 2000 年的 34.06 元上升到 2010 年的 170.39 元，平均增长率高达 17.47%。其次是亳州、淮北、滁州、安庆、六安，平均增长率保持在 10%以上。相反，巢湖、蚌埠、黄山 3 个城市的旅游购物人均消费增长缓慢，平均增长率基本上低于 1%。从 2010 年各市旅游购物人均消费的静态比较看，安徽省各市旅游购物的发展不均衡，芜湖、合肥、安庆的旅游购物人均消费已经达到 220 元以上，但是蚌埠、巢湖、宿州、淮南的旅游购物人均消费还不及以上城市的一半。今后安徽省要注意平衡各市旅游购物业宏观发展，加大对购物薄弱城市的扶持，逐步减小各城市间这种较大差距。另外，值得注意的是黄山市，作为安徽省旅游业最发达的城市，近年来旅游购物发展却不尽如人意，国内游客人均消费 10 年来平均增长率仅为 0.73%，人均消费额也从 2000 年全省第 1 位下降到 2010 年的第 4 位。因此，黄山市今后应充分发挥旅游资源优势和广阔的市场优势，打造好特色旅游商品，优化旅游购物环境，逐步改善旅游购物业发展滞缓的现状。

表 6-34　安徽省各市国内游客人均购物消费览表（单位：元，%）

城市	2000	2001	2002	2003	2004	2005	2006	2007	2008	2009	2010	增长率
合肥	98.41	116.22	153.44	116.22	144.70	121.3	140.70	194.3	229.3	266.88	222.24	8.49
芜湖	104.94	134.29	170.58	134.29	206.30	202.1	160.83	197.1	306.5	267.46	233.17	8.31
蚌埠	55.67	61.45	88.77	61.45	84.00	72.7	38.46	97.1	136.0	137.15	59.87	0.73
淮南	67.98	111.34	102.65	111.34	98.40	106.7	92.16	108.3	145.4	144.50	98.10	3.74
马鞍山	89.07	100.19	104.38	100.19	143.00	117.0	94.41	99.9	130.1	101.86	140.07	4.63
淮北	38.41	56.29	77.85	56.29	159.90	149.9	125.91	136.3	241.4	196.15	132.43	13.18

续表

城市	2000	2001	2002	2003	2004	2005	2006	2007	2008	2009	2010	增长率
铜陵	56.94	66.87	77.78	66.87	110.90	110.6	131.39	122.4	133.1	132.44	114.30	7.22
安庆	75.31	91.68	139.75	91.68	193.00	195.9	238.77	239.4	243.6	250.71	220.86	11.36
黄山	185.25	171.69	142.27	171.69	178.50	204.9	180.14	218.5	222.4	185.69	199.23	0.73
滁州	50.34	36.61	46.59	36.61	59.40	71.8	114.37	205.3	224.9	124.3	163.34	12.49
阜阳	85.13	57.38	97.01	57.38	93.40	130.9	84.47	103.1	117.8	206.01	136.19	4.81
宿州	48.64	85.47	108.18	85.47	72.50	106.9	96.59	131.7	143.9	149.7	91.86	6.56
巢湖	87.5	39.45	48.67	39.45	35.60	54.8	67.52	96.0	110.2	105.10	78.03	-1.14
六安	57.88	52.74	53.89	52.74	80.80	75.6	110.00	106.5	120.7	163.86	154.66	10.33
亳州	44.32	95.54	67.53	95.54	111.10	113.6	122.76	122.6	189.2	278.90	168.74	14.30
池州	107.33	120.98	113.15	120.98	115.5	142.0	115.65	198.9	141.2	119.44	173.50	4.92
宣城	34.06	42.88	44.61	42.88	53.9	63.3	128.20	118.4	108.8	158.73	170.39	17.47

数据来源：历年《安徽省统计年鉴》。

经过旅游业的多年发展，安徽省旅游购物业得到全方位提升。旅游购物对整个旅游业发展的重要性越来越凸显，旅游购物行业的未来发展前景很好。而且，随着我国人民生活水平的迅速提高和旅游观念的逐渐转变，人们对于旅游购物的兴趣和欲望也将明显增长。按照这样的发展趋势，连同安徽省旅游人次的逐年增长，旅游购物业未来的市场前景非常广阔，提升空间也很大。但是，目前安徽省的旅游购物业与其他地区相比仍然还有很大差距。据世界旅游组织统计，目前旅游购物收入占旅游总收入的比重，旅游业发达国家或地区已达到60%以上，世界平均水平也达到了 30%。然而，安徽省旅游购物收入和游客旅游购物消费虽然有大幅度增长，但是 2011 年旅游购物消费所占比重仅为 15.67%，仍然还有很大提升空间。

二、安徽省旅游商品发展

经过多年的发展，安徽省有了一批具有地方特色和观赏、收藏价值的旅游商品，逐渐形成了以土特产、地方饮食、中药材、工艺制品等为主的产品体系。具有代表性的有文房四宝、徽州四雕、芜湖铁画、青阳折扇、灵璧奇石、黄山风光刺绣、合肥四大名点、八公山豆腐、黄山毛峰、符离集烧鸡等。这些具有实用性、艺术性、纪念性的旅游商品，对促进安徽旅游业发展、满足游客需要非常重要。安徽省近年来逐步加大旅游商品开发力度，开发设计出一大批具有安徽特色的新型旅游商品。在2003年全国旅游商品设计大赛上，安徽设计的旅游商品获6个金奖、9个银奖、11个铜奖，总体成绩在全国排名第3位。

在政府扶持和旅游业发展的带动下，安徽省生产和销售旅游商品的企业逐渐增多，为旅游购物业发展提供了重要支撑。2010年，省旅游局公布了首批17家“安徽旅游商品生产示范企业”名单。2011年，省旅游局又评选出第二批12家安徽旅游商品生产示范企业。截至2011年底，全省旅游商品生产企业达到469家，其中29家省级旅游商品生产示范企业销售收入12.24亿元，同比增长31.58%。

为进一步推动旅游商品发展，按照游客有需求、产品有特色、质量有保障、市场有影响的原则，省旅游局在各市推荐上报的全省旅游商品生产企业基本信息的基础上，结合安徽著名商标名录和安徽名牌产品名录，于2012年11月认定了首批100件“安徽知名旅游商品”。

但是，安徽省旅游商品的开发和发展仍然存在着许多问题，其中比较突出的是单调、雷同、缺乏地方特色。四大名点、采石矶茶干、八公山豆腐、折扇、根雕等旅游商品大都是土特产品，没有典型的代表意义，也缺少收藏和保存价值，根本不符合旅游者在旅游购物中对旅游商品的期望。对安徽省黄山、九华山两处风景名胜游客购物的抽样调查结果显示，70%以上的游客对于精致的旅游纪念品、名优土特产及价格低廉的工艺品感兴趣，尤其对具有景区特色的旅游商品兴趣较大。然而，安徽省目前的旅游商品现状恰恰缺乏此类商品，本土特色不明显，造成了大部分旅游商品销售困难，效益较差，不利于安徽省旅游商品企业的发展。

安徽省旅游商品的生产企业过于散乱是旅游商品发展面临的另一个问题。由于旅游购物业属于低技术含量的劳动密集型行业，市场进入门槛低，中小资金可以自由进出，再加上旅游商品产权保护问题还没有很好地解决，尽管目前安徽省确定了旅游商品生产的定点企业，但是很多景区、景点的旅游商品经营者采用小摊点、小铺面、小作坊的方式经营，规模小，实力弱，所经营的旅游商品种类单一，顾客选择余地较小，不利于整个行业市场竞争优化和持续发展。另外，旅游购物业市场从业主体过于分散，给行业管理带来极大的难度。个体小规模生产往往过于重视短期利益，旅游产品质量很难保证，还有可能采取不正当竞争，势必会对安徽省旅游购物业良好市场秩序的构建和整体服务质量的提升产生不利影响。

三、安徽省旅游购物环境

旅游购物场所环境的优劣直接影响旅游者的购物消费。旅游购物服务则是指旅游目的地的旅游购物经销商、导游及政府等为旅游者在旅游目的地购物提供的一系列服务。旅游购物服务环境包括旅游购物经销商提供的旅游购物服务环境、导游人员提供的旅游购物服务环境、政府提供的旅游购物信息服务环境以及旅游购物售后服务体系环境等。

目前，安徽省正加大力度整顿全省旅游购物场所，优化旅游购物的硬环境。2009 年 12 月 10 日，安徽省正式发布了《旅游购物点服务规范》地方标准，通过这一新标准对旅游购物点的设置、交通、卫生、设施等作出了明确的量化要求，对旅游购物点的经营管理、服务质量、商品质量等进行了规范化、标准化要求，建立起旅游商品购物服务保障体系，以此保证游客放心、舒心购物。另外，安徽省旅游购物服务质量评价也逐渐提升。根据安徽省旅游市场统计数据显示，游客对旅游购物服务质量好和较好的评价从 2006 年的 49.9%上升到 2009 年的 65.1%，差和较差的评价则由 3.2%下降到 1.8%。

四、旅游购物业发展意识

安徽省虽然地大物博、旅游资源丰富，但是旅游购物业发展并不尽如人意。其中一个重要原因是政府相关部门及企业对于旅游购物在旅游业中的重要性认识不足，对于旅游购物存在认识偏差。长期以来，安徽省旅游发展中存在着“重旅游景区建设，轻旅游商品开发”的观念，在开发旅游项目中，没有真正树立“大旅游”观念，仅仅重视旅游景区的规划建设，没有把旅游商品的开发列为旅游业的重要内容来发展落实。

2008 年，全省旅游发展专项资金 7540 万元，用于旅游商品研发的 345 万元，占 4.58%；2009 年，全省旅游发展专项资金 1 亿元，用于旅游商品研发的 300 万元，仅占 3.00%。未来一段时间，安徽省必须加大对旅游商品的研发力度，提高旅游商品的文化内涵和吸引力，构造独具地方特色的旅游商品体系。

第七节　旅游娱乐业

旅游娱乐是指旅游者在旅游过程中，寻找精神愉悦、身体放松、内心满足和个性发展的旅游活动，以及旅游目的地融合这些需求的服务供给产业。旅游娱乐是游客在经济活动中的一种指向明确的经济文化行为，与旅游观光、旅游住宿、旅游餐饮、旅游购物以及旅游交通共同构成了旅游者完整的旅游行为。近年来，随着我国文化娱乐产业的迅速发展，安徽省旅游娱乐业也取得了较大进步。旅游娱乐基础设施逐步完善，从而为满足游客的多种娱乐需求打下了基础；旅游娱乐场所和活动项目的增多，丰富了广大旅游者的旅游活动内容；旅游娱乐业的大力发展在削弱季节性给旅游业造成的冲击方面发挥了重要作用。但是，目前安徽省旅游娱乐业相比起景区、住宿、餐饮等其他的旅游产业，发展比较缓慢，在整个旅游行业中所占的比重比较低，仍然没有改变旅游娱乐业薄弱的现状。

一、旅游娱乐对旅游外汇收入的贡献

从 2000～2010 年安徽省旅游娱乐的外汇收入额增长情况看，旅游娱乐外汇收入额增长迅速，从 560.39 万美元增长到 4839.49 万美元，年均增长率 24.06%。但是，安徽省旅游娱乐外汇收入还是低于旅游外汇总收入 25.27%的年均增长率，说明旅游娱乐业的发展进程还是有些缓慢。从旅游娱乐外汇收入贡献比例看，虽然不断波动但总体还是持平的，仍然保持在 6%左右。由此可见，安徽省旅游娱乐在国际旅游方面所占比重还是比较低，仍然存在很大的发展空间。

表 6-35　2000～2011 年安徽省旅游娱乐对外汇收入贡献情况

年份	旅游外汇收入总额（万美元）	旅游娱乐外汇收入（万美元）	所占比例（%）
2000	8621.45	560.39	6.50
2001	10567.80	591.80	5.60
2002	12381.96	730.54	5.90
2003	8340.69	479.59	5.75
2004	14069.23	759.74	5.40
2005	18558.09	1132.04	6.10
2006	22673.42	1405.75	6.20
2007	34400.48	860.01	2.50
2008	45445.40	1227.00	2.70
2009	56583.90	2716.00	4.80
2010	82025.22	4839.49	5.90
2011	2628662.00	189263.66	7.20

数据来源：历年《安徽省统计年鉴》。

二、国内游客旅游娱乐人均消费

安徽省国内游客旅游娱乐人均消费从2000年的25.77元/人天增长到2009年的44.1元/人天，增长近一倍。但是，从旅游娱乐人均消费占总消费比重看，2000年旅游娱乐人均消费占总消费的5.10%，2009年占总消费的5.84%，基本保持稳定，并没有大幅度的增长。

表 6-36　安徽省各市 2000～2009 年国内游客人均旅游娱乐消费情况（单位：元；%）

城市	2000	2001	2002	2003	2004	2005	2006	2007	2008	2009	增长率
合肥	32.01	14.40	23.58	14.40	42.50	27.9	40.30	100.8	60.8	93.74	12.68
芜湖	37.39	34.24	52.49	34.24	36.20	24.3	57.34	52.7	54.7	71.14	7.41
蚌埠	7.44	15.17	15.16	15.17	21.20	7.4	29.00	19.4	20.3	16.08	8.94
淮南	16.43	25.69	24.12	25.69	20.60	16.3	12.92	14.7	12.4	17.64	0.79
马鞍山	44.8	37.39	44.34	37.39	58.30	59.1	36.62	51.1	34.4	31.49	-3.84
淮北	6.57	3.02	5.84	3.02	28.80	27.5	22.54	16.3	21.7	37.08	21.20
铜陵	15.68	22.43	11.87	22.43	40.40	33.2	28.11	46.5	52.6	45.29	12.51
安庆	33.65	42.19	46.55	42.19	46.50	46.3	46.39	44.5	42.0	53.60	5.31
黄山	36.92	22.61	23.07	22.61	17.10	18.5	31.54	76.8	50.1	36.08	-0.26

续表

城市	2000	2001	2002	2003	2004	2005	2006	2007	2008	2009	增长率
滁州	16.98	8.20	18.66	8.20	18.90	28.6	31.86	28.6	46.9	43.31	10.96
阜阳	14.15	22.31	33.24	22.31	29.60	12.3	26.13	97.9	119.9	17.48	2.38
宿州	11.33	25.89	14.36	25.89	5.10	8.5	14.40	17.4	16.8	17.0	4.61
巢湖	39.47	35.19	25.23	35.19	9.40	10.2	20.12	35.5	47.4	58.5	4.47
六安	16.02	15.98	13.84	15.98	31.30	18.7	26.60	25.2	32.7	51.34	13.81
亳州	19.93	24.96	15.51	24.96	18.50	21.7	24.85	21.7	23.0	28.92	4.22
池州	26.80	18.26	18.29	18.26	23.6	27.5	28.08	43.5	36.8	37.72	3.87
宣城	12.54	12.08	9.76	12.08	10.1	18.6	42.60	38.6	43.8	64.28	19.91

数据来源：历年《安徽旅游抽样调查资料》。

从安徽省各城市国内游客人均旅游娱乐消费情况看，2009 年合肥、芜湖、宣城的旅游娱乐人均消费额较高，位于全省前 3 位；蚌埠、宿州、阜阳、淮南的旅游娱乐人均消费额较低，仅为 17 元/人天左右。从各城市人均旅游娱乐消费增长率来看，淮北、宣城、六安、合肥、铜陵五市的旅游娱乐人均消费 10 年来增长较快，旅游娱乐业发展势头良好。但是，马鞍山、黄山、淮南、阜阳等市不仅旅游娱乐人均消费不高，而且增长缓慢，甚至出现负增长。因此，安徽省今后应该对这些城市的旅游娱乐业做好扶持工作。

三、安徽省旅游娱乐场所贫乏

随着旅游市场需求由大众化观光旅游向多样化体验旅游的转变，传统的观光旅游活动已经不能满足旅游需要，广大旅游者目前更乐于参与体验性的旅游活动。在这样的旅游市场发展趋势下，旅游娱乐凭借其参与性优势必将受到更多旅游者的欢迎，旅游娱乐业的市场需求也会随之增多。但是，目前安徽省旅游娱乐场所的建设仍然在一定程度上滞后于需求，存在着供不应求的问题。

首先，目前安徽省大多数的旅游景点仍然主要以观光游览为主，景点接待服务配套设施落后，娱乐设施更是不能满足需求。以娱乐为主题的游乐场也比较少，除了 2007 年深圳华强集团在安徽省芜湖市投资近 20 亿元、倾力打造的芜湖方特欢乐世界之外，合肥、黄山等旅游业较发达的城市根本没有大型的游乐场。其次，安徽省目前其他的娱乐场所主要以中小型歌舞厅、KTV、夜总会等为主，缺少足以吸引外地游客的大型娱乐项目，而且现有的娱乐场所分布过于分散，难以形成规模效应。总之，安徽省目前旅游娱乐场所不足的现状是旅游娱乐业发展薄弱和人均旅游娱乐消费较低的重要原因。今后，安徽省应该创造性地开发建设一批富有新意、富有科技含量、富有参与体验性的娱乐设施和场所，以满足人们日益增长的娱乐需求。

四、安徽省旅游娱乐服务质量

（一）入境游客对旅游娱乐的服务质量评价

《旅游抽样调查资料 2010》把入境游客对旅游服务质量的评价分为 5 个档次：最好（5 分）、好（4 分）、尚好（3 分）、差（2 分）、最差（1 分）。结果显示：2009 年，入境游客对安徽省娱乐的服务质量不甚满意，5 分占 38.7%，4 分占 41.9%，合计 80.6%，感觉最好的只有 38.7%。

（二）国内游客对旅游娱乐服务质量的评价

《安徽省旅游市场抽样调查资料 2009》将国内游客对于旅游娱乐服务质量的评价分为 5 个档次：好、较好、一般、较差、差。调查结果显示，国内游客对于安徽省旅游娱乐服务质量的评价如下：感觉好的游客占 17.6%，感觉较好的游客占 33.9%，总计 51.5%。由此可见，国内游客对于安徽省的旅游娱乐服务质量很不满意，感觉服务质量好的仅占总抽样总体的 17.6%。

从国内旅游者对安徽省各城市旅游娱乐业服务质量评价汇总看，池州、宿州、宣城的旅游娱乐服务质量较好，国内游客好评在 60%以上；而淮南、马鞍山、铜陵、阜阳等市的旅游娱乐服务质量较差，游客很不满意，好评仅占 35%左右。

表 6-37　安徽省各市旅游娱乐服务质量情况

地市	好+较好（%）	排名	地名	好+较好（%）	排名
池州市	83.78	1	合肥市	50.94	10
宿州市	68.52	2	黄山市	48.97	11
宣城市	61.19	3	滁州市	47.84	12
六安市	59.43	4	蚌埠市	47.33	13
安庆市	59.24	5	阜阳市	37.20	14
亳州市	57.64	6	铜陵市	35.35	15
巢湖市	53.57	7	马鞍山市	33.83	16
芜湖市	53.50	8	淮南市	24.84	17
淮北市	52.79	9			

纵观入境游客与国内游客对于旅游娱乐服务质量的评价发现，安徽省旅游娱乐业服务质量水平较低，游客的满意度并不高。这样的状况很大程度上影响了旅游目的地良好旅游形象的塑造和旅游经济效益的提高。因此，安徽省在今后的旅游发展中要进一步创新旅游娱乐项目，完善旅游娱乐基础设施，提高旅游娱乐从业人员的素质，加快大型品牌化旅游娱乐项目的建设，从多方面努力提升全省旅游娱乐服务质量。

第七章　安徽的旅游教育

第一节　安徽旅游教育发展现状

当今世界的竞争是人才的竞争，高素质的旅游人才是旅游业得以健康、持续、稳定发展的根本保证。另外，旅游业作为以人为本的行业，从业人员的文化素质和服务质量的高低是旅游业成败的关键因素之一。而旅游教育则是培养旅游人才的基础，是提高从业人员素质的重要途径。

一、旅游教育规模

近年来，为了满足旅游业发展对人才的需求，安徽省大力发展旅游教育，旅游院校发展迅速，已经形成了较大、较稳定的规模，在旅游人才培养、提高旅游从业人员素质、促进旅游企业管理和服务质量水平的提高等方面发挥了重要的作用。全省开设旅游专业的院校（以下简称“旅游院校”）数和旅游专业在校人数迅猛发展；旅游专业设置逐渐呈现出多元化和顺应市场需求的趋势，各地办旅游院校的积极性逐渐高涨。2011 年，安徽省旅游院校共招收相关专业学生 20791 人，其中高校 13630 人，中职 7161 人；毕业学生 15504 人，其中高校 8827 人，中职 6677 人；在校生 91513 人，其中高校 62834 人，中职 28679 人；教师数 2933 人，其中高校 1373 人，中职 1560 人。

表 7-1 近年来安徽省旅游院校基本情况

	旅游院校数（所）			旅游院校学生数（人）		
	总计	高等院校	中等职业学校	总计	高等院校	中等职业学校
1999	146	4	142	5758	1158	4600
2000	148	4	144	5315	1115	4200
2001	21	7	14	5109	1773	3336
2002	73	24	49	14340	6329	8011
2003	73	24	49	14340	6329	8011
2004	62	22	40	12816	5567	7249
2005	54	30	24	14234	6600	7634
2006	60	34	26	15926	8223	7703
2007	41	26	15	20351	17633	2718
2008	56	30	26	53835	32338	21497
2009	56	30	26	54912	31801	23111
2010	53	38	15	87281	60159	27122
2011	77	57	20	91513	62834	28679

资料来源：历年《中国旅游统计年鉴》。

二、旅游教育机构

截至 2011 年底，安徽省共有各类旅游院校 77 所，其中高校 57 所，中职 20 所。其中，进行旅游管理硕士专业学位（MTA）教育的院校有 3 所，分别为安徽大学、安徽师范大学、安徽财经大学；招收旅游管理学术型研究生的院校有 4 所，分别为安徽大学、安徽师范大学、安徽财经大学、合肥工业大学；招收旅游管理本科专业的院校主要有安徽大学、安徽师范大学、安徽财经大学、安徽农业大学、合肥学院、淮北师范大学、黄山学院、池州学院、皖西学院、滁州学院、安庆师范学院、巢湖学院、宿州学院、安徽师范大学皖江学院、安徽外国语学院等。

表 7-2　安徽省各市主要旅游院校专业设置及培养层次一览表

所在地市	院校名称	相关专业	培养学历
合肥市	安徽大学	旅游管理	本科、研究生
	合肥工业大学	旅游管理	研究生
	安徽农业大学	旅游管理	本科
	合肥学院	旅游管理	本科、专科
	安徽外国语学院	旅游管理（本科）、旅游日语、旅游英语、旅游管理、酒店管理（日语）、酒店管理（英语）、涉外旅游	本科、专科
	安徽经济管理干部学院	旅游管理、会展策划与管理、导游	专科
	合肥市旅游学校	宾馆服务与管理、导游、空勤、烹饪	中专
	安徽省旅游学校	宾馆服务与管理、旅游服务与管理、航空服务、旅游市场营销、旅游电子商务	中专
	华夏旅游学校	旅游服务与管理、外语导游、旅游保健、旅游电子商务、物业管理、饭店服务与管理	中专
	合肥职业技术学院	旅游管理	专科
	合肥三联学院	现代旅游行政管理、旅游企事业单位的经营与管理	专科
	合肥财经职业学院	会展策划与管理、旅游管理	专科
	安徽城市管理职业学院	旅游管理	专科

续表

所在地市	院校名称	相关专业	培养学历
合肥市	安徽绿海商务职业学院	会展策划与管理、旅游管理	专科
	安徽中澳科技职业学院	旅游管理	专科
	安徽国际商务职业学院	涉外旅游、旅游英语、酒店管理、广告与会展	专科
	安徽广播影视职业技术学院	酒店管理、旅游管理、广告与会展	专科
	安徽涉外经济职业学院	旅游英语、涉外旅游、旅行社经营管理	专科
	安徽工商职业学院	酒店管理、旅游英语、旅游管理、烹饪工艺与营养、旅游工艺品设计与制作	专科
	安徽工业经济职业技术学院	酒店管理、旅游管理、景区开发与管理、导游	高职
	徽商职业学院	旅游服务与管理	大专
黄山市	黄山学院	旅游管理、酒店管理、人力资源管理（旅游方向）、烹饪与营养教育	本科
	黄山市中华职业学院	旅游管理、酒店管理、导游	中专
	黄山日语职业学校	日语、韩语等语种导游	中专
	黄山旅游职业学校	旅游管理、导游、旅游外语、烹饪	职专
	黄山茶业学校	茶业（茶文化）、园林规划设计、观赏园艺、旅游服务与管理	中专
池州市	池州学院	旅游管理	本科
	池州职业技术学院	旅游管理、旅游英语、商务英语、导游	专科
	九华山旅游学校	中文导游、英文导游	大专

续表

所在地市	院校名称	相关专业	培养学历
芜湖市	安徽师范大学	旅游管理	研究生、本科
	皖江学院	旅游管理	本科
	芜湖职业技术学院	涉外旅游、酒店管理、旅游管理	专科
	安徽机电职业技术学院	旅游英语	专科
	安徽商贸职业技术学院	旅游管理	专科
铜陵市	铜陵市工业学校	宾馆服务与管理	中专
	铜陵职业技术学院	旅游管理、酒店管理	专科
六安市	皖西学院	旅游管理	本科
	六安职业技术学院	旅游英语、旅游服务与管理	中专、专科
淮南市	淮南旅游学校	导游、旅游工艺雕刻	中专
	淮南市导游职业培训学校	导游资格认证考试培训、旅游饭店及旅行社服务培训、花式调酒师培训	高职
亳州市	亳州职业技术学院	旅游管理、酒店管理、商务英语	高职
宿州市	宿州学院	旅游管理、涉外旅游、酒店管理	本科、专科
	宿州职业技术学院	酒店管理	专科
巢湖市	巢湖学院	旅游管理	本科
马鞍山市	马鞍山师范高等专科学校	旅游管理、酒店管理、旅行社经营管理、涉外旅游	大专
安庆市	安庆师范学院	旅游管理	大专
	安庆职业技术学院	旅游管理、酒店管理	高职
淮北市	淮北师范大学	旅游管理	本科
	淮北职业技术学院	旅游管理、酒店管理	专科

续表

所在地市	院校名称	相关专业	培养学历
蚌埠市	安徽财经大学	旅游管理	研究生、本科
	蚌埠经济技术职业学院	酒店管理、旅游管理、旅游英语、导游	专科
滁州市	滁州学院	旅游管理、涉外旅游	本科、专科
	滁州城市职业学院	酒店管理、旅游服务与管理	大专
	滁州职业技术学院	旅游管理	专科
宣城市	宣城职业技术学院	旅游管理、酒店管理、导游、景区规划与开发	专科
阜阳市	阜阳职业技术学院	酒店管理	专科
	安徽旅游职业学院	旅游管理、酒店管理、导游、涉外旅游、旅游英语、旅游日语、旅游工艺品设计与制作	高职

资料来源：《安徽旅游大辞典》及各院校网站专业介绍。

三、旅游教育培训

随着安徽省旅游业的迅猛发展，旅游行业从业人员培训也经历了起步、发展的过程。旅游培训工作的蓬勃开展，对培养旅游业发展需要的各类人才，提高从业人员素质，促进管理和服务质量的提高等方面起到了积极作用，并取得了很大的成绩。2011 年，安徽省旅游行业职工教育培训 89316 人，其中：旅游饭店 61351 人，占 68.69%；旅行社 13691 人，占 15.33%；旅游景区 9348 人，占 10.47%；旅游车船公司 1450 人，占 1.62%；旅游行政部门 1266 人，占 1.42%；其他 2210 人，占 2.47%。

表 7-3　2011 年安徽省旅游行业职工培训一览表（单位：人）

	总计	旅游饭店	旅行社	旅游景点（区）	旅游车船公司	旅游行政部门	其他	岗位培训	成人学历教育
安徽	89316	61351	13691	9348	1450	1266	2210	77756	11560
全国	4356488	2712878	796577	631268	104521	41146	70098	4029414	327075

资料来源：《2011 年全国旅游教育培训统计基本情况》。

全省旅游院校经过多年的发展，每年可以向旅游企业输送大批基层以及中、高层管理人才与专业技术人才，为提高旅游队伍素质，促进旅游业的发展作出了积极贡献。另外，基于带动全省旅游教育发展和旅游人才的科学培养，目前安徽省计划在各市旅游院校中选取优秀的院校建立众多旅游教育示范基地。一方面，旅游院校教育示范基地的评选会给各校的发展和逐步完善带来很大的动力；另一方面，这些旅游教育示范基地在今后旅游教育专业设置、人才培养、学术研究、学科建设等诸多方面可以发挥榜样示范作用。

四、旅游教育存在的问题

（一）旅游院校专业设置跟风严重

旅游教育最终是要向旅游市场输送所需要的旅游人才，因此旅游院校作为旅游教育的重要基地，应该首先保证在设置旅游专业时遵循顺应甚至引领旅游市场人才需求的原则，而不是盲目地跟风设置专业。否则，只能造成旅游人才与市场的脱节，陷入学校培养出的旅游人才没有用武之地，而旅游市场上需要的人才又无处可觅的尴尬境地。然而，目前安徽省旅游院校的专业设置就存在这样的问题。通过统计安徽省各市主要旅游院校的专业设置发现：大多数旅游院校的专业设置主要集中在旅游管理、酒店管理、导游、旅游开发与规划等方面，专业设置雷同比较严重。各市旅游院校能够根据市场需求创新旅游专业设置，推出特色旅游专业的仅有几所，例如，安徽华夏旅游学校为满足高尔夫运动的发展新设立高尔夫专业，安徽省旅游学校根据航空业的迅速发展趋势设置旅游航空服务专业，合肥财经职业学院顺应会展业迅速发展设置会展策划与管理专业，黄山日语职业学校迎合日韩成为安徽省主要入境旅游市场的现实设置日语、韩语导游专业，黄山茶业学校顺应休闲时代到来设置茶业（茶文化）专业，安徽省淮南旅游学校考虑到旅游购物的未来前景设立旅游工艺雕刻专业，淮南市导游职业培训学校推出花式调酒师培训等。

（二）旅游院校招生规划存在问题

为了顺应旅游业迅速发展、旅游人才需求量的逐渐增多，安徽省旅游院校的招生规模近年来逐渐扩大。但是，通过与全国其他省份进行横向比较发现，安徽省旅游院校总体招生构成（高校和中职）上存在不合理之处。首先是安徽省招生总规模问题。2011 年安徽省旅游院校招生总数为 20791 人，仅次于广东、四川、浙江、山东，位居全国第 5 位。这样的招生规模远远超过了旅游业比较发达的江苏、上海、北京等东部沿海省份。安徽省旅游院校招生规模增长过快，与目前旅游业发展的现状不符，很容易造成旅游人才的供过于求，加重目前就业困难的现状，同时也在一定程度上造成了教育资源配置不当和浪费。其次是招生规模的构成问题——高校和中职的招生构成。2011 年安徽省旅游院校总招生中高校招生 13630 人，占招生总数的 65.56%，高于全国旅游高校招生所占的比例 50.51%。然而，2011 年安徽省中职招生 7161 人，占招生总数的 34.44%，低于全国中职招生所占的比例 49.49%。合理的格局应该是金字塔结构，即中职比重较大、高校比重较小。因此，安徽省旅游院校今后在招生规模规划中一方面应该顺应市场需求合理制定招生规模，切忌盲目扩大招生规模，造成旅游人才的供过于求；另一方面应该参照全国及旅游较发达省份的旅游教育合理规划招生结构，适当提高中职招生人数，缩减高校类招生人数。

（三）旅游教育师资配置结构不合理

良好的旅游教育在很大程度上取决于优秀的教师资源，而优秀的教师资源只有得到合理恰当的配置才能使教师在教育中的带动作用发挥到极致。如果旅游院校的师资配置过多，就会造成许多教师资源的浪费，甚至是有些教师人浮于事；如果旅游院校教师资源欠缺，不仅不利于学科建设和研究，而且不利于学生的全面培养。根据 2011 年全国旅游院校学生数量与教师数量统计，安徽省高校教师与学生比例大约为 1∶45.76，远高于全国 1∶23.75 的比例，这说明与其他地方相比，安徽省高校整体上存在着师资配置不足的问题。但是，安徽省中职旅游院校的教师与学生比例为 1∶18.38，又低于全国 1∶24.54 的水平。与旅游高校相反，安徽旅游中职院校目前则存在着教师资源配置过多的问题。因此，安徽省今后旅游教育的发展应着力改善师资配置结构不合理的问题，尽量平衡好高校和中职院校的教师资源。

（四）旅游从业人员培训不平衡

安徽省旅游从业人员培训存在诸多不平衡的情况。首先，不同旅游行业间员工培训情况差距较大。从 2011 年安徽省旅游从业人员培训汇总情况可以看出，安徽省旅游从业人员培训主要集中于旅游饭店，旅游饭店员工培训占全省职工培训的 68.69%，而旅行社、旅游景区、旅游车船公司、旅游行政部门的员工培训分别占总数的 15.33%、10.47%、1.62%、1.42%，旅游饭店的员工培训远远多于其他行业。其次，安徽省旅游培训层次的不平衡。目前培训主要针对低层次员工，而高层次的管理人员培训较少，这也是目前许多旅游企业出现管理不善的重要原因。最后，旅游培训主要是业务方面的培训，例如，服务员摆台技能培训、导游业务培训、景区讲解服务培训等，很少涉及旅游职业道德、服务理念、旅游理论知识提升等其他方面的培训。

第二节　安徽旅游教育发展方向

一、打造旅游院校特色，争取专业设置精细化

安徽省目前拥有的 77 所旅游院校，基本上都设置了宏观的旅游管理专业，专业设置上大同小异。各个旅游教育单位的专业倾向更多地体现在专业下开设的不同课程上。仅有几所旅游学校可以认为带有本身的培养特色，例如，黄山日语职业学校的旅游教育主要倾向于培养掌握日韩等小语种的旅游人才，黄山茶业学校则主要倾向于培养熟知

中华传统茶文化、掌握优雅茶艺和园林设计艺术的旅游人才。目前，这样的旅游教育格局容易造成旅游人才知识杂而不广、专业不专的尴尬状况。因此，为了使旅游教育与旅游市场人才需求更好地契合，安徽省旅游教育非常有必要突出各个旅游院校"人无我有"的特色。在各院校具体专业设置上更精细，不仅仅局限于旅游管理这一听上去很笼统的专业。例如，顺应目前休闲度假时代的到来，多尝试设置休闲技能类专业，如高尔夫学习、健康养生学习等；顺应旅游购物发展的强劲势头，旅游院校设置旅游商品设计专业；迎合旅游者目前个性化需求的增多，设置旅游线路设计专业。

二、加强校企合作，推广定制化培养

目前，安徽省旅游院校与旅游企业之间交流合作还比较少，这也正是旅游育人与用人出现一边供过于求一边又供不应求的重要原因。为了扭转这样的状况，安徽省今后的旅游教育应该加强校企合作，使企业和学校分别发挥各自的优势。校企合作无论对于旅游院校还是旅游企业都是双赢的策略，旅游院校通过与企业合作有利于学生实践能力的增强和未来顺利就业，而旅游企业通过与旅游院校合作有利于企业员工理论知识的充实和经营管理水平的提升。校企合作的方法有许多种，如：旅游院校的学生可以通过在企业内实习来锻炼自己的实践能力；教师可以到旅游企业内挂职、兼职学习，提升自己的业务能力；院校可以聘请旅游企业经验丰富的管理者担任兼职教师共同培养学生，丰富学校的师资力量；同时，企业可以委托合作旅游院校担任本企业员工的培训工作，提高员工的专业素质。

随着我国旅游业的快速发展，整个旅游市场也逐步由卖方时代进入买方时代，交易格局由旅游者选择固定旅游产品转向旅游者定制旅游产品。同样，顺应这一宏观的市场环境，旅游教育也应该逐步走向定制化，有什么样的人才需求就培养什么样的旅游人才。今后旅游院校应该更多地根据旅游企业的实际需求设置旅游专业，根据实际工作能力需求设置相关课程，从根本上改变旅游院校培养什么人才企业迁就用什么人才的尴尬局面，确保培养的人才正是市场亟需的人才，真正实现用人与育人的良好对接。

三、顺应旅游全球化，推进旅游教育国际化

在全球化这一浪潮的推动下，安徽省旅游业的国际化逐步增强，入境旅游和出境旅游都得到了很大发展。因此，安徽省对于具有国际意识、能进入国际市场竞争、敢于挑战现代旅游业跨国发展的高素质人才需求将会逐渐增加。为了满足这一人才需求，安徽省今后的旅游教育应顺应国际旅游迅速增长的态势，加强旅游教育的国际化。首先，有条件的旅游院校可以加强与国外学校的学术交流与研讨，为教师和学生拓宽行业知识提供良好的平台；其次，政府相关部门可以加大对于优秀旅游院校的扶持，帮助其建立“海外实习基地”，使学生与境外旅游企业得到直接接触的机会；再次，旅游院校在专业课程设置方面应该尽量突出国际化特色，加强学生英语能力培养的同时，鼓励第二语言的学习，尤其是日语、韩语。

四、紧跟市场需求，开设旅游行业紧缺的新专业

纵观安徽省各旅游院校专业设置情况发现，目前旅游教育中的专业主要集中于旅游管理、旅游宾馆服务、酒店服务、导游这几类。然而，由于目前休闲度假游、会展旅游、旅游购物、旅游娱乐等发展迅速，安徽省旅游业界在休闲度假管理、旅游娱乐管理、旅游电子商务、会展业经营管理、旅游商品创新设计等方面的人才十分紧缺，在市场上很难找寻。因此，安徽省旅游教育今后非常有必要在省内的若干骨干旅游院校中开设目前旅游行业急需的新专业，真正实现旅游业在人才方面的供求均衡，使得安徽省旅游教育资源得到高效利用。

五、顺应旅游业新发展，着重培养创新复合型人才

旅游活动通常涉及了食、住、行、游、购、娱多个方面，决定了旅游业是与其他行业关联度很高的行业，从这一角度讲，旅游业需要擅于沟通合作共事的公共人才。随着全球化趋势日益盛行，尤其是中国加入 WTO 之后，中国的旅游业呈现出更多的国际化色彩，成为名

副其实的“民间外交”，从这一角度讲，旅游人才应该具备良好的外语沟通能力。另外，目前旅游业的科技化含量逐渐增加，网络预订、线路设计、网上咨询等受到旅游者的青睐，因此旅游人才同时应该具备良好的计算机知识和操作能力。总之，旅游人才不应该是过分的专才，应是集理论、实践、外语、计算机、公关等于一身的复合型、创新型人才。旅游教育作为培养旅游人才的重要方式，应该紧跟市场趋势转变教育观念，着重培养创新复合型人才。

第八章　安徽的旅游管理

旅游业是关联性很强的行业，要想促进旅游业又快又好的发展必须依赖旅游相关部门的密切配合。而旅游业各相关部门之间的协调和配合在很大程度上又依赖于强有力的组织保证。目前安徽省旅游业正面临着机遇和挑战，建立健全的、高效运行的旅游管理机构对于提高全省旅游业的综合竞争力具有重要意义。

第一节　安徽省旅游管理的行政机构

一、安徽省旅游局

➢ 1978 年 4 月，成立安徽省外事办公室旅游处。这是安徽省第一个全面负责旅游业务的行政机构。

➢ 1979 年 12 月 6 日，经安徽省革命委员会批准，成立安徽省旅行游览事业管理局，与外事办公室、侨务办公室合署办公，统一管理全省旅游事业。

➢ 1986 年 8 月，经省委、省人民政府研究决定，省旅游局从省外办划出单独办公，隶属省政府，统管全省旅游工作；同时，安徽省旅行游览事业管理局更名为安徽省旅游局。

➢ 1987 年 12 月，省政府政函字 [1987] 101 号文，明确省旅游局列入省政府工作部门序列，对全省旅游行业实行行政管理。

➢ 1994 年 4 月 20 日，安徽省实施省直党政机构改革，明确省旅游局由行政单位改为事业单位，名称改为安徽省旅游事业管理局，作为省政府直属事业单位，暂保留旅游事业行政管理职能。

➢ 2000 年 4 月 7 日，根据《中共中央、国务院关于安徽省人民政府机构改革方案的通知》（中委〔2000〕63 号），原安徽省旅游事业管理局更名为安徽省旅游局。省旅游局是主管旅游工作的省人民政府直属机构。

➢ 2009 年 7 月 1 日，根据《中共中央办公厅、国务院办公厅关于印发〈安徽省人民政府机构改革方案〉的通知》（厅字〔2009〕3 号），保留省旅游局，为省政府直属机构。

二、安徽省地市旅游行政管理机构

随着安徽省旅游业的迅速发展，各市的旅游行政管理机构近年来逐步完善，为各市旅游业的有序健康发展提供了机制保证。“九五”初，安徽省仅有黄山、芜湖两市旅游局单设，不少市没有设立旅游机构，有些设立机构的与外办合署办公，机构很不健全，人力资源也十分有限。近年来，随着旅游经济的日益兴起，在各级党委和政府的重视下，旅游管理机构得到显著加强，管理体系逐步完善。截至 2010 年底，安徽省 17 个地市均已设立了旅游局，其中黄山市、池州市两市在旅游局基础上进一步成立了旅游委员会，对全市旅游业发展起到有效的部署指导作用。

表 8-1　安徽省各市旅游行政管理机构

旅游管理机构	备　注
合肥市旅游局	1986 年 6 月 7 日，合肥市旅游局成立，与市外办合署办公；1996 年 8 月 20 日，原属合肥市外办的有关旅游局的职能移交给市园林管理局，合肥市园林管理局增挂旅游局牌子；2002 年 3 月 6 日，园林管理局（旅游局）分设为园林局、旅游局
淮北市旅游局	2002 年 2 月，淮北市旅游局机构单设
亳州市旅游局	1986 年 12 月，亳州市旅游局（县级）成立；2000 年 6 月 19 日，地级亳州市成立，设立亳州市旅游局
宿州市旅游局	1995 年，宿县地区行署旅游事业管理局成立，与外办（侨办）合署办公；1999 年 12 月，宿县地区地改市，原旅游事业管理局改为宿州市旅游局

续表

旅游管理机构	备　注
蚌埠市旅游局	1986 年 1 月，蚌埠市旅游局成立，与市办合署办公；2002 年 2 月，蚌埠市旅游局机构单设
阜阳市旅游局	1996 年 12 月，阜阳市旅游局挂牌，与市外办（侨办）合署办公
淮南市旅游局	1988 年 12 月，淮南市旅游局成立，与市外办（侨办）合署办公；2002 年 2 月，淮南市旅游局机构单设
滁州市旅游局	1985 年 12 月，滁州市（县级）成立旅游局；1992 年 12 月，滁县地区行署改为滁州市，滁州市旅游局成立（与外办合署办公）；1997 年 5 月 20 日，滁州市旅游局机构单设
六安市旅游局	1990 年 2 月 2 日，六安地区旅游局正式成立，与行署外办合署办公。2002 年 1 月 21 日，六安市旅游局机构单设，为市政府直属机构
马鞍山市旅游局	1987 年 2 月 14 日，马鞍山市旅游局成立，与市外办合署办公；1996 年 8 月，马鞍山市旅游局更名为马鞍山市旅游事业管理局；1998 年 8 月，马鞍山市旅游事业管理局与市外办机构分设。1998 年 10 月，马鞍山市旅游局正式成立
巢湖市旅游局	1993 年 6 月，巢湖市旅游局成立（副科级建制）；2000 年 1 月，原县级巢湖市旅游局成建制上划至巢湖地区旅游局，成立新的巢湖市（地级）旅游局。2011 年 8 月 22 日，撤地级巢湖市旅游局，设立县级巢湖市旅游局
芜湖市旅游局	1992 年，市旅游事业管理局和市外办分开，单独设立；2002 年 4 月，更名为芜湖市旅游局
宣城市旅游局	1990 年 12 月，宣城行署旅游局成立，与行署外事办公室、侨务办公室合署办公；2000 年 12 月，宣城撤地设市，宣城行署旅游局更名为“宣城市旅游局”，与市办（侨办）合署办公
铜陵市旅游局	1986 年 5 月 27 日，铜陵市旅游局成立，与市外办合署办公；1996 年 3 月 6 日，铜陵市旅游事业管理局成立，与外办分设。2001 年 11 月 20 日，铜陵市旅游事业管理局更名为铜陵市旅游局，升格为市人民政府工作部门

续表

旅游管理机构	备　注
池州市旅游委员会	1988 年 9 月，池州行署旅游局成立，与行署外办（侨办）合署办公；1997 年 2 月，单独设立池州地区行政公署旅游事业管理局；2002 年 7 月 23 日，更名为池州市旅游局；2009 年 3 月，更名为池州市旅游委员会
安庆市旅游局	1986 年 5 月，安庆地区旅游局设立，与市外办（侨办）合署办公；1988 年 11 月，成立安庆市，单设安庆市旅游局；1991 年 6 月，市旅游局与外办（侨办）合署办公；1995 年 8 月 28 日，安庆市旅游局与市外办（侨办）机构分设；1996 年 9 月 18 日，安庆市旅游事业管理局正式单设
黄山市旅游委员会	1986 年，徽州地区行署旅游局成立；1987 年，地级黄山市成立，更名为黄山市旅游局；2007 年 7 月 26 日，黄山市旅游局更名为黄山市旅游委员会

资料来源：《安徽旅游大辞典》及各市旅游政务网。

三、安徽省各县（市、区）旅游行政管理机构

市、县旅游局一般由当地人民政府行文批准，报省旅游局备案，并接受省旅游局的行业管理和业务指导。其职责主要是开发各地区的旅游资源，进行旅游基础设施建设，制定旅游业发展规划，搞好各地区的行业管理，完成上级部门下达的旅游接待任务，发展各地区的旅游业。截至 2010 年底，安徽省 105 个县（市、区）中有 95 个设立了县（市、区）旅游局。各市县旅游干部队伍也逐渐实现了年轻化、知识化、专业化，为各县（市、区）旅游业的发展发挥了重要作用。

表 8-2　安徽省设立旅游局的县（市、区）汇总

城市	设立旅游局的县（市、区）	数量（个）
合肥市	长丰县、肥西县、肥东县、瑶海区、包河区、蜀山区、庐阳区	7
黄山市	黟县、黄山区、屯溪区、休宁县、祁门县、歙县、徽州区	7
池州市	贵池区、东至县、青阳县、石台县	4

续表

城市	设立旅游局的县（市、区）	数量（个）
宣城市	宣州区、郎溪县、广德县、宁国市、泾县、绩溪县、旌德县	7
马鞍山市	当涂县、花山区、雨山区、金家庄区	4
芜湖市	三山区、鸠江区、镜湖区、南陵县、繁昌县、芜湖县	6
铜陵市	铜陵县、郊区、铜官山区、狮子山区	4
安庆市	桐城市、枞阳县、潜山县、宿松县、岳西县、太湖县、宜秀区	7
巢湖市	和县、无为县、含山县、庐江县	4
六安市	金安区、裕安区、寿县、霍邱县、金寨县、霍山县、舒城县	7
滁州市	凤阳县、全椒县、天长市、来安县、定远县、明光市、南谯区、琅琊区	8
蚌埠市	怀远县、固镇县、五河县、蚌山区、龙子湖区、禹会区、经济开发区	7
阜阳市	颍上县、阜南县、太和县、界首市、临泉县、颍州区、颍东区、颍泉区	8
宿州市	埇桥区、砀山县、萧县、灵璧县	4
亳州市	涡阳县、蒙城县、利辛县、	3
淮北市	濉溪县、相山县、杜集区、烈山区	4
淮南市	凤台县、潘集区、田家庵区、大通区	4

资料来源：《安徽旅游大辞典》及各市旅游政务网。

四、安徽省风景名胜区管理机构

为了加强对风景名胜区的管理，有效保护和合理利用风景名胜资源，近年来安徽省着力完善风景名胜区管理机构，全省各国家级、省级风景名胜区和其他重点游览区（点）普遍成立了管理机构，努力做到“保护和利用有机结合，旅游与环境协调发展”。各风景名胜区单独设立管理委员会机构，在一定程度上克服了长期存在的风景区多头管理的弊病。

表 8-3　安徽省主要风景名胜区管理委员会

城市	管理机构	成立时间
合肥市	巢湖风景名胜区管委会	2004 年 11 月 5 日
	紫蓬山风景名胜区管委会	1999 年 6 月
蚌埠市	荆涂山风景区管委会	2004 年 5 月
滁州市	琅琊山风景名胜区管委会	1980 年 5 月 31 日，琅琊山管理处成立；2009 年 6 月 6 日，更名为琅琊山风景名胜区管理委员会
池州市	九华山风景区管委会	1979 年，九华山管理处成立；2001 年 7 月 4 日，设立九华山风景区管理委员会
安庆市	天柱山风景名胜区管委会	1982 年 12 月 3 日，天柱山园林管理处成立；1984 年 4 月 20 日，天柱山园林管理处升格为天柱山管理局；1996 年 3 月 21 日，成立天柱山风景名胜区管委会；2003 年 9 月 26 日，原天柱山管委会、天柱山国家森林公园管委会合并成立新的天柱山风景名胜区管委会，天柱山旅游发展有限公司同时挂牌
	浮山风景区管理处	1982 年 11 月，浮山风景区管理处成立
黄山市	黄山风景区管委会	1934 年，成立黄山建设管理局；1943 年，成立黄山管理局；1949 年，成立黄山人民管理处；1950 年，改为皖南区黄山管理处；1952 年，改为黄山文物管理处；1954 年，改为安徽省黄山管理处；1979 年 10 月 8 日，黄山管理局成立；1988 年 12 月，成立了黄山风景区管理委员会
	齐云山风景名胜区管委会	1981 年 11 月，成立齐云山管理处；1996 年，成立齐云山风景名胜区管理委员会，副县级事业单位
	太平湖风景区管委会	1999 年 2 月 24 日，太平湖风景区管理委员会成立

续表

城市	管理机构	成立时间
宣城市	云岭新四军军部旧址管委会	2003 年
	水西国家森林公园管委会	2003 年
	王稼祥故居管理委员会	2005 年
	桃花潭风景名胜区管委会	2005 年
	旌德县江村旅游景区管委会	2010 年 3 月
巢湖市	太湖山风景区管理处	2002 年 10 月
	银屏山旅游区管理处	1985 年
	紫薇洞旅游区管理处	1996 年
	姥山岛旅游区管委会	1999 年 1 月
淮南市	八公山风景区管委会	2006 年
马鞍山市	采石风景名胜区管理处	1993 年
宿州市	皇藏峪国家森林公园管委会	2005 年
阜阳市	颍州西湖风景名胜区管委会	1988 年，成立颍州西湖管理处；1996 年，成立正处级阜阳市颍州西湖风景名胜区管理委员会
六安市	万佛湖度假区管委会	1997 年 7 月 7 日，成立舒城县万佛湖风景区管理处。2003 年，成立万佛湖省级旅游度假区管理委员会
	霍山佛子岭风景区管委会	2011 年 5 月
	八公山风景区管委会	2008 年 7 月 13 日，中共寿县县委常委会研究，决定成立八公山风景区管委会，下设风景区管理处，与八公山乡合署办公

资料来源：《安徽旅游大辞典》及各市旅游网。

五、安徽省旅游管理的协调机构

旅游产业的发展需要众多部门的配合，目前旅游业的职能管理比较分散。而各级旅游局目前的直接管辖领域基本局限于旅行社、星级酒店和部分旅游景区，大多数时候无法真正起到牵头作用，履行职责困难较多，这就可能造成协调性差的问题。因此，需要在政府层面设立专职的旅游协调机构，来提高部门间合作的效率。

表 8-4　安徽省部分旅游协调机构

地区	协调机构
全省	1988 年 8 月 15 日，成立安徽省旅游事业委员会，是负责规划、协调、指导全省旅游工作的领导机构。1993 年 9 月 18 日，安徽省旅游事业委员会更名为安徽省旅游工作领导小组
	1993 年 8 月 17 日，成立黄山规划委员会。1996 年 12 月 11 日，黄山规划委员会和省旅游工作领导小组合并（保留黄山规划委员会名称），成立安徽省旅游工作指导委员会
蚌埠	1997 年 1 月，蚌埠市旅游工作指导委员会成立
马鞍山	1997 年 3 月 13 日，马鞍山市旅游工作指导委员会成立
安庆	1997 年 3 月，岳西县旅游工作指导委员会成立，县长任主任
	1999 年 8 月 31 日，太湖县旅游工作指导委员会成立
亳州	1997 年 5 月 30 日，亳州市成立亳州市旅游工作指导委员会
	2002 年 7 月 4 日，亳州市旅游工作领导小组成立
	2006 年，亳州市旅游发展指导委员会成立
宣城	1997 年 10 月，宣城地区旅游工作指导委员会成立，由行署专员任主任
	2009 年，成立旌德旅游工作指导委员会
淮南	1997 年 12 月，淮南市旅游工作指导委员会成立
滁州	1997 年 7 月，滁州市旅游发展指导委员会成立
	1998 年 6 月 14 日，凤阳县旅游工作指导委员会成立
池州	1999 年 12 月池州地区旅游工作指导委员会成立
	1999 年 12 月，石台县成立了旅游事业领导小组和旅游业管理委员会
黄山	2003 年，成立黄山市旅游经济发展指导委员会
合肥	2007 年 12 月 17 日，合肥市旅游工作指导委员会成立
	2007 年 9 月，肥东县旅游发展指导委员会成立
阜阳	2009 年 6 月，颍上县旅游发展指导委员会成立
宿州	2009 年 9 月，砀山县旅游发展指导委员会成立

第二节 安徽省旅游管理的行业机构

行业协会是社会政治、经济发展的必然产物，是现阶段构建我国社会主义和谐社会的一项重要内容。作为沟通政府与企业的桥梁和纽带，行业组织在管理、协调、服务企业方面发挥着重要的中介作用。旅游行业协会则是我国社会主义市场经济发展的产物，是实现旅游经济有序管理的重要组织形式和促进旅游业发展的重要力量。随着旅游业的迅速发展，安徽省旅游行业的行业组织机构近年来发展迅速，有效地促进了旅游业相关产业的协调发展，进一步提升了旅游服务质量和管理水平。

一、安徽省旅游行业组织

（一）安徽省旅游协会

1993 年 3 月 9 日，安徽省民政厅批复，同意成立安徽省旅游协会。1995 年 12 月 12 日，经省民政厅批准，安徽省旅游协会召开第一届会员代表大会，安徽省旅游协会正式成立。安徽省旅游协会自成立以来，始终认真贯彻省委、省政府的方针政策和省旅游局、省民政厅的有关要求，在中国旅游协会的指导和广大会员单位的共同努力下，服务全省经济建设大局，在推进行业自律、提升行业素质、反映基层愿望、沟通政企联系等方面开展了大量的工作。而且，近年来先后成立了若干个旅游分会，形成了省旅游协会统一领导下的各分会并驾齐驱、相互促进的生动局面，为促进全省旅游产业的发展作出了应有的贡献。

（二）安徽省旅行社协会

安徽省旅行社协会是由省内的旅行社、各地区性旅行社协会或其他同类协会等单位，按照平等自愿的原则结成的全省旅行社行业的专业性协会，首批会员近 130 家。此协会是非营利性的社会组织，具有独立的社团法人资格，接受省旅游局的领导和省民政厅的监督。安徽省旅行社协会自 2001 年 10 月 15 日成立以来，经过十几年的发展，在正确处理政府与旅行社，以及旅行社与旅游者之间关系方面发挥了重要作用，促进了全省旅行社行业的持续健康发展。

（三）安徽省饭店业协会

安徽省旅游饭店业协会成立于2001年10月15日，是由省内的旅游饭店和地方饭店协会、饭店管理公司、饭店用品供应厂商等相关单位，按照平等自愿的原则结成的全省饭店行业的专业性协会，首批会员近130家。安徽省饭店业协会是非营利性的社会组织，具有独立的社团法人资格，接受省旅游局的领导和省民政厅的监督。协会始终秉承遵守国家的宪法、法律、法规和有关政策，遵守社会道德风尚，代表和维护旅游饭店业的共同利益和会员的合法权益，努力为会员服务，为行业服务，在政府和会员之间发挥桥梁和纽带作用，为全省旅游饭店业的健康发展作出积极贡献。

（四）安徽省旅游协会旅游景区分会

安徽省旅游协会旅游景区分会经省旅游局、省民政厅批准，在省旅游协会认真筹备组织下，于2009年6月29日成立。旅游景区分会自成立之日起在省旅游协会的领导下，紧紧围绕全省旅游的中心任务做好服务工作，在联系政府、行业、会员上发挥协会的桥梁纽带作用。同时，在一定程度上促进了旅游景区服务质量的全面提升、旅游景区的转型升级和旅游景区行业自律，为安徽省旅游业的加速发展作出了应有的贡献。

（五）安徽省旅游协会旅游商品分会

安徽省旅游协会旅游商品分会经省旅游局、省民政厅批准，于2011年6月3日正式成立。旅游商品分会成立之后有效地沟通了政府与旅游商品生产企业，以及旅游商品生产企业与旅游者，充分发挥了行业纽带作用。此分会自成立以来始终秉承服务会员的宗旨，积极引导会员单位认清形势，加快发展步伐，坚定发展信心；帮助各个会员单位解决目前普遍面临的用地难、贷款难、税费难、人才难、营销难、创新难等诸多问题，加快改善整个行业的发展环境；同时积极组织推动会员单位加快旅游商品研发，创新旅游商品特色，突出企业发展重点，带领企业走创新发展之路。

（六）安徽省旅游协会导游分会和领队分会

为不断加强安徽省导游队伍和领队队伍建设，提高旅游服务质量，促进全省旅游业健康、快速、持续发展，2011 年 11 月 3 日，安徽省旅游协会举行了导游分会和领队分会成立大会。随着安徽省旅游业的不断发展，目前全省专、兼职导游 10683 人，20 家组团社领队 949 人。导游和领队服务质量的好坏不仅关系到安徽省旅游产业发展水平的高低，而且直接关系到安徽省对外形象的好坏，更关系到安徽省旅游业发展大局，大力加强导游和领队队伍建设、全面提升导游和领队服务水平是至关重要的环节，是全社会关注的热点。

（七）安徽旅游文学艺术协会

2013 年 6 月 16 日，安徽省旅游文学艺术协会成立大会在合肥市召开。该协会由安徽省一批文化名人、大型旅游文化单位等共同发起组建，该协会以文化艺术为载体，以服务旅游业为目的，整合各种文化资源，充分利用文学、影视、戏剧、书画、音乐、舞蹈、会刊、报纸、出版、民间文艺、礼仪庆典、非物质文化遗产（杂技、傩戏、马戏、剪纸）等文学艺术形式及载体，宣传推介安徽省旅游景点和旅游产品、非遗产品，组织举办旅游论坛峰会，搭建与省内外乃至国际旅游机构、政府间的互动平台。

（八）安徽省森林旅游协会

2007 年 4 月 26 日，安徽省森林旅游协会成立大会在合肥举行，全省 100 多家森林公园、林业局、林场的负责人参加成立大会。会议表决通过《安徽省森林旅游协会章程》及相关文件，选举产生安徽省森林旅游协会领导机构和人员。

二、各地市旅游行业组织

随着旅游业的迅速发展，在省旅游行业组织的带动下，安徽省各市近年来也纷纷加快建立和完善旅游行业组织和机构，促进相关产业的健康发展。截至 2010 年，全省 17 个城市中有 12 个成立了旅游行业协会，并在旅游业不同行业设立了旅行社协会、餐饮协会、导游员协会等细分协会。这些旅游行业组织构成了各行业协会并驾齐驱的生动局面，在正确处理政府、企业与旅游者之间的关系，促进各市旅游相关产业协调发展，以及提升旅游服务质量和管理水平等方面产生了重要作用。

表 8-5 安徽省各市主要旅游行业组织

城市	组织名称	成立时间
合肥市	合肥市旅游协会	2002 年 9 月 6 日
	合肥市餐饮（烹饪）协会	2003 年 2 月
	合肥酒店人才管理协会	——
	合肥市旅行社协会	——
	合肥市会展行业协会	2011 年 7 月
黄山市	黄山市旅行社协会	2003 年 5 月
	黄山市旅游饭店业协会	2001 年 12 月
	黄山市导游员协会	2003 年 4 月
宣城市	宣城市旅游协会	2003 年 1 月 23 日
池州市	池州市旅游协会	2007 年 9 月
	石台县旅游协会	2003 年 4 月 18 日
马鞍山市	马鞍山市旅游协会	2003 年 4 月
	马鞍山市旅游协会旅行社分会	2005 年 3 月 30 日
	马鞍山市旅游餐饮宾馆（烹饪）业商会	2007 年 2 月
芜湖市	芜湖市旅游行业协会	2002 年 6 月
	芜湖市餐饮（烹饪）行业协会	2005 年 11 月
安庆市	安庆市旅游协会	1993 年 11 月 28 日
	安庆市文化旅游协会	2004 年 3 月 30 日
	安庆市旅行社协会	2004 年 12 月 9 日
	天柱山旅游协会	2000 年 6 月
	安庆市旅游饭店协会	——
	安庆市菜子湖湿地生态旅游协会	2010 年 1 月
	岳西县旅游协会	2013 年 1 月 31 日
蚌埠市	蚌埠市旅游协会	2005 年 4 月 27 日
	蚌埠市旅游协会旅行社分会	2005 年 4 月 27 日
	蚌埠市旅游协会星级饭店分会	2005 年 4 月 27 日
	旅游商品定点生产企业分会	2005 年 4 月 27 日
	蚌埠市餐饮行业协会	2007 年 10 月

续表

城市	组织名称	成立时间
亳州市	亳州市旅游协会	2009 年 7 月
淮南市	淮南市旅游协会	2011 年 9 月
滁州市	滁州市旅游协会	2008 年 12 月
	滁州市森林生态旅游协会	2011 年 6 月
	滁州市餐饮行业协会	2008 年 4 月
六安市	六安市旅游协会	2009 年 12 月
	六安市烹饪餐饮协会	2010 年 2 月
铜陵市	铜陵市旅游协会暨旅行社分会	2009 年 10 月 29 日
	铜陵市烹饪（餐饮）协会	——
阜阳市	阜阳市餐饮（烹饪）行业协会	2008 年 8 月
	阜阳餐饮业协会	2009 年 9 月
	阜阳市旅游协会	2012 年 10 月 25 日

资料来源：《安徽旅游大辞典》及各市旅游网。

第三节 安徽省旅游管理的政策法规

良好的政策法规为旅游业的发展打造了坚实的政治基础和法律保证，从多方面促进了旅游业的健康有序发展。从旅游全行业的角度看，完善的政策法规体系能够规范市场运行，促进行业的有序发展；从旅游企业的角度看，良好的政策法规为企业的成长和发展营造了有利的软环境；从旅游者的角度看，完善的政策法规为维护旅游者的合法权益提供了重要的制度保证和法律武器。因此，安徽省旅游业要想获得健康、持续、快速发展，必须拥有良好的政策作为发展保障。

一、安徽省旅游管理的相关政策

（一）旅游业发展的宏观政策

安徽省旅游业取得的丰硕成果，得益于政府长期以来高度重视旅游业发展和陆续推出的推动旅游业发展的有效政策。改革开放以来，安徽省不断完善旅游业发展的相关政策，紧跟时代步伐，做好旅游业发展的政策保障。

➢ 1986年6月，安徽省正式把旅游业纳入国民经济和社会发展计划；

➢ 1986年8月6日，安徽省政府发文批转省旅游局《关于发展我省旅游业的意见》，指出旅游业是国民经济的重要组成部分，是一项大有前途的事业；

➢ 1996年12月18日，安徽省政府颁发了《关于加快旅游业发展的决定》，提出用15年时间将安徽旅游业培植成新兴支柱产业，明确提出了建设旅游新兴支柱产业和发展大旅游、大产业、大市场、大协作的要求，并提出了旅游扶贫的思路；

➢ 1998年12月20日，省政府在安庆市召开皖西南旅游经济工作会议，会后出台了《加快发展皖西南旅游经济若干意见》，明确提出加快发展以天柱山为龙头的皖西南旅游经济；

➢ 1999年12月29日，安徽省政府办公厅印发《加快皖江区域旅游经济发展意见》，提出实施"一江"（长江）"两山"（九华山、天柱山）"四区"（皖中、皖东、皖东南、皖西南）五市（马鞍山、芜湖、铜陵、贵池、安庆）工程；

➢ 2000年6月27日，安徽省政府下发《省政府皖西旅游扶贫工作会议纪要》；

➢ 2000年7月10日，安徽省人民政府办公厅下发了《关于加快发展皖西旅游产业促进扶贫工作的若干意见》；

➢ 2000年7月28日，下发《关于加快"两山一湖"旅游经济发展的若干意见》提出"抓'两山一湖'、促全省旅游、带安徽经济"发展战略；

➢ 2002年，省政府出台了《关于进一步加快旅游业发展的意见》；

➢ 2003年，旅游业被列入安徽经济社会发展"861"行动计划；

➢ 2003年5月20日，安徽省旅游协会、安徽省旅行社协会和安徽省旅游饭店业协会，联合向各协会的会员单位发出《关于进一步抗击“非典”、发展旅游经济的意见》，同时免收所有会员单位的全年会费；

➢ 2005年4月11日，安徽省人民政府办公厅印发《关于促进“两山一湖”地区旅游产业发展若干政策》的通知；

➢ 2005年7月20日，省财政厅下发《关于促进“两山一湖”地区旅游产业发展有关营业税政策的通知》；

➢ 2007年8月6日，省委、省政府出台了《关于推进旅游产业大省建设的意见》，从八个方面（32条）对产业大省进行全面阐述，提出建成旅游产业大省、乃至旅游经济强省的奋斗目标；

➢ 2011年4月2日，省政府发布《关于进一步加快发展旅游业的实施意见》，加快推进安徽省由旅游资源大省向旅游经济强省跨越；

➢ 2011年7月18日，省教育厅、省旅游局联合发布了《关于加快我省旅游专业人才培养的意见》；

➢ 2012年1月21日，省政府办公厅发布了《安徽省人民政府办公厅关于推进旅游业改革试点工作的通知》。

（二）旅游管理的行业政策

自改革开放以来，安徽省为了推动旅游业各行业的协调发展，在注重旅游业发展宏观政策的同时，针对各行业特点和发展现状推出了旅游业相关行业政策。这些行业政策与全省旅游宏观政策相互联动，共同发挥了旅游业发展的政策促进作用。

1. 旅行社业

为了促进旅行社行业发展，规范旅行社经营行为，更好地维护广大旅游者的权益，安徽省近年来在旅行社管理方面不断推出相关政策，完善旅行社行业政策体系。

➢ 2006年6月，安徽省下发《旅行社诚信经营“十不准”》、《导游人员诚信服务“十不准”》、《出境游组团社“六不准”》文件，推动了全省旅游诚信体系建设，进一步规范了旅游市场经营秩序；

➢ 为及时掌握全省旅行社运营状况，分析预测行业发展趋势，为科学管理提供准确、翔实的基础数据，安徽省旅游局于2006年10

月开始在全省列选30家旅行社作为数据监测点，规范建立统计月报制度；

➢ 2007年6月，安徽省结合旅游市场实际，制定了旅游市场“零负团费”认定办法，深入开展旅游市场综合整治工作，依法治理旅游市场“零负团费”；

➢ 2008年12月，《安徽省旅行社等级划分与评定标准》正式发布实施；

➢ 2009年11月，安徽省旅游局为方便旅游企业统计和工作，发出《强化对全省旅行社质量保证金的管理》的通知；

➢ 2009年11月，根据新《旅行社条例》及《实施细则》，经2009年全省旅游质监工作会议讨论修改，出台实施《安徽省优秀诚信旅行社等级划分和评分标准（暂行）》；

➢ 2010年6月，安徽省政府决定将《旅行社经营许可证》制证业务下放至优秀旅游城市，进一步提高办事效率，更便捷地为旅游企业服务，更好地支持各市旅游业发展。

2. 旅游饭店业

近年来，安徽省同样在旅游饭店行业实施了许多政策措施，不断推进旅游饭店服务质量提升和旅游饭店行业结构调整，对整个旅游饭店行业的持续健康发展起到了重要作用。

➢ 1999年，安徽省颁布了《安徽省旅游涉外饭店基本标准》，规范饭店业的涉外经营；

➢ 2006年7月，为及时掌握和分析饭店业市场变化动态和发展趋势，有效推进星级饭店业的发展，安徽省着力建立全省星级饭店资料档案库，星级饭店信息季报、年报、“黄金周”信息报送及部分星级饭店信息月报监测制度；

➢ 2006年11月，安徽省在旅游行业开始贯彻实施《绿色旅游饭店》行业标准，全面开展绿色行动；

➢ 2007年10月，安徽省颁布《安徽省星级饭店访查规范》、《绿色饭店认定规范》；

➢ 2009年2月，省旅游局下发了“关于在全省实行《安徽省旅游饭店诚信等级划分和评分标准（试行）》的通知”。

3. 旅游景区业

安徽省旅游景区行业的相关政策，促进了旅游景区的科学开发和深度发展，规范了旅游景区的管理，有利于旅游景区吸引力和服务质量的提升。近年来，安徽省的旅游景区相关政策如下：

➢ 1998年4月7日，安徽省实施《漂流旅游安全管理暂行办法》，进一步保障旅游者的旅游安全；

➢ 2006年4月，颁布《旅游区（点）质量等级的划分与评定》，规范全省旅游景区服务质量；

➢ 2007年12月4日，安徽省质量技术监督局发布了《农家乐旅游等级划分与评定》。

4. 其他旅游行业

纵观安徽省近年来推行的旅游管理方面的政策，主要还是集中在旅行社、旅游饭店、旅游景区三个行业，对于旅游购物、旅游娱乐等其他旅游行业的管理规范还比较薄弱。例如，旅游购物业相关政策主要集中于举办购物节、参与旅游商品博览会和评定旅游商品生产示范企业，而对于旅游购物街、购物商店的评定标准、旅游商品专利保护、旅游购物行业规范等方面的政策规范仍然很缺乏。旅游娱乐业同样面临政策管理较弱的问题，相关政策促进多是注重完善旅游娱乐设施等硬件方面的投入，对于娱乐场所整顿、娱乐企业经营规范等方面的重视较少。安徽省对于旅游购物等这些行业的政策倾斜不够，从一个侧面显示出相对于旅行社业、旅游饭店业和旅游景区业，政府对于这些行业的发展还不够重视。

二、安徽省旅游管理的法律法规

（一）旅游管理的宏观法规

旅游是改革开放后最早与国内外市场接轨的一个产业，但是目前我国的旅游法制建设却相对滞后，安徽省同样面临这样的问题。为实施依法治旅，安徽省十分重视行业立法工作。1997年4月1日，经安徽省政府批准出台了《安徽旅游市场管理办法》。1999年3月26日，经安徽省人大批准出台了安徽省第一部地方旅游法规——《安徽旅游管理条例》。2002 年 4 月 4 日，安徽省对此条例又进行了适应入世要求的修改，并重新颁布。为适应旅游业不断升温发展的需求，2005 年 10 月 21 日，经安徽省第十届人大常委会通过公布了《安徽省旅游条例》，自 2006 年 1 月 1 日起施行。以上法律、规章的制定，有效促进了安徽省旅游业向法制化、制度化、规范化迈进的步伐。

（二）旅游管理的行业法规

安徽省针对各行业发展现状及行业特点分别制定了一系列行业法规，并且不断做好法律法规的更新工作。这些行业法规为旅游行业发展提供了有力的法律保障，为旅游者维护自身权益提供了法律武器。

表 8-6　安徽省旅游行业相关法规

行业	法规	颁布时间
旅行社业	《安徽省旅行社门市部管理暂行办法》	2002 年 8 月
	《安徽省导游人员管理条例》	2008 年 3 月
	《安徽省旅行社等级划分与评定标准》	2008 年 12 月
	《安徽省优秀诚信旅行社等级划分和评分标准（暂行）》	2009 年 11 月
	《旅行社网点通则》	2009 年 12 月
	《旅行社应急与处置规范》	2009 年 12 月
	《导游讲解服务规范》	2009 年 12 月
旅游饭店业	《安徽省旅游涉外饭店基本标准》	1999 年
	《旅游餐馆星级的划分及评定》	2007 年 11 月
	《徽菜标准体系表》	2006 年 7 月 8 日
	《安徽省星级饭店访查规范》、《绿色饭店认定规范》	2007 年 10 月
	《安徽省旅游饭店诚信等级划分和评分标准》	2009 年 4 月
旅游景区业	《关于黄山风景区护林防火的布告》	1987 年 9 月 28 日
	《黄山风景区管理条例》	1989 年 4 月 13 日
	《安徽省皖南古民居保护条例》	1997 年 9 月 21 日
	《漂流旅游安全管理暂行办法》	1998 年 4 月
	《九华山风景名胜区管理条例》	2002 年 10 月

续表

行业	法规	颁布时间
旅游景区业	《安徽省创建“农家乐旅游区（点）”实施标准》	2004 年 10 月
	《九华山风景区旅游投诉协调处理暂行办法》	2005 年 10 月
	《安徽省创建优秀旅游乡镇评定标准》	2006 年 8 月 11 日
	《安徽省农家乐旅游等级划分与评定》	2007 年 12 月
旅游交通业	《九华山风景名胜区客运交通管理暂行规定》	2003 年 1 月
	《安徽省道路旅游客运管理规定》	2005 年 4 月
	《航空票务销售代理服务规范》	2009 年 12 月
旅游购物业	《安徽省旅游商品生产示范企业评选及管理办法（试行）》	2009 年 6 月
旅游监督	《关于加强赴港游服务质量监管工作的通知》	2004 年 3 月 18 日
	《关于进一步加强旅游质监机构组织建设的通知》	2004 年 11 月 26 日
	《检查员证（IC 卡）年审的通知》	2004 年 11 月 30 日
	《安徽省旅游行业治理商业贿赂专项工作实施方案》	2006 年 6 月 22 日
	《安徽省旅游局黄金周旅游工作方案》	2006 年 9 月 10 日

资料来源：安徽省旅游政务网。

三、安徽省旅游管理的地方政策与法规

近年来，安徽省各地都积极地发展旅游业，纷纷出台支持旅游业发展的政策，制定规范旅游业发展的地方法规，为安徽省旅游业的健康发展作出了巨大贡献。

表 8-7　安徽省旅游管理的地方政策与法规

地区	相关政策与法规
亳州	1997 年 2 月，亳州市政府出台了《关于加快旅游业发展的决定》
	1998 年 12 月，亳州市出台了《亳州市旅游行业管理规定》、《关于加强现有旅游景点及其他旅游资源管理的规定》、《亳州市一日游管理规定》3 个地方法规

续表

地区	相关政策与法规
亳州	2002年5月28日，亳州市人民政府办公室印发《亳州市一日游管理办法》
	2004年11月28日，亳州市政府办公室转发市旅游局等部门《关于加快全市旅游经济发展的意见》
	2006年12月25日，亳州市出台《亳州市人民政府关于加快旅游业发展的实施意见》
	2007年3月19日，亳州市旅游局、财政局联合出台《旅行社组团来亳奖励办法》
	2007年3月22日，亳州市旅游发展指导委员会出台《关于对旅游团队实行景区、景点门票价格优惠的通知》
	2012年5月29日，中共亳州市委、亳州市人民政府出台了《关于加快发展旅游业的实施意见》
蚌埠	1997年4月，蚌埠市政府制定印发了《蚌埠市政府贯彻省政府〈关于加快旅游业发展的决定〉实施意见》。
	2003年1月1日，制定了《蚌埠旅行社百分制管理办法》。
	2006年12月4日，蚌埠市人民政府出台了《关于加快旅游业发展的意见》
	2008年3月，蚌埠蚌山区发布了《关于加快蚌山区旅游业发展的意见》
	2008年8月，蚌埠淮上区发布了《关于加快淮上区旅游业发展的意见》
	2008年9月，蚌埠龙子湖区发布了《关于加快龙子湖区旅游业发展的意见》
	2012年8月8日，发布《蚌埠市人民政府关于进一步加快发展旅游业的实施意见》
安庆	1997年5月4日，安庆市人民政府下发了《关于加快旅游业发展的决定》
	1999年5月，中共岳西县委、县政府发布《关于加快旅游业发展的决定》和《关于鼓励投资开发旅游业的优惠办法》
	2000年2月16日，安庆市人大通过《关于加快旅游业发展的决定》
	2000年6月2日，安庆市政府常务会议通过《安庆旅游市场管理办法》，并以市政府令发布实施

续表

地区	相关政策与法规
安庆	2000年9月7日，安庆市政府印发《安庆市一日游管理办法》
	2002年4月2日，安庆市政府印发《关于进一步加快旅游业发展的若干意见》
	2004年8月25日，安庆市旅游局联合市农委、市财政局制定出台了《安庆市农家乐旅游示范点检查评定标准（试行）》、《安庆市农家乐旅游示范点检查评定办法（试行）》
	2007年11月，岳西县委县政府出台《关于加快旅游业发展的决定》
	2009年，市委市政府出台《关于推进旅游经济强市建设的意见》
	2012年6月20日，安庆市旅游局出台了《关于进一步加快乡村旅游发展的实施意见》
池州	1999年12月29日，中共池州地委、池州行署出台了《关于进一步加快旅游业发展的决定》
	2002年7月18日，中共青阳县委、县人民政府出台了《关于加快发展旅游经济的决定》
	2002年9月20日，《池州市旅游发展资金管理暂行办法》出台
	2002年9月，石台县政府发布《石台县旅游管理办法》
	2003年6月20日，中共贵池区委、区政府出台《关于进一步加快发展旅游业的决定》
	2004年8月19日，中共池州市委、池州市政府正式出台《关于推进旅游经济跨越式发展的决定》
	2005年12月30日，《池州市导游人员管理暂行办法》和《池州市一日游经营活动管理暂行办法》自2006年1月1日起施行
	2007年3月24日，《中共池州市委、池州市人民政府关于加快建设旅游强市的决定》正式出台
	2007年7月16日，东至县政府常务会议审议通过《推进旅游经济跨越式发展意见》，县长办公会审议通过《2007年东至县旅游发展行动计划》
	2012年12月27日，池州市人民政府下发《关于进一步加快乡村旅游发展的实施意见》

续表

地区	相关政策与法规
马鞍山	1999年11月25日，马鞍山市政府发文颁布施行《马鞍山市旅游业管理办法》
	2000年7月21日，出台了《马鞍山市“一日游”管理办法》、《马鞍山市导游人员管理办法》
	1997年6月13日，颁布了《马鞍山人民政府关于加快旅游业发展的决定》
	2002年12月6日，发布了《中共马鞍山市委关于在加快皖江开发中实现率先突破的决定》
	2008年4月22日，中共马鞍山市委、马鞍山市人民政府发布了《关于进一步促进马鞍山市旅游产业发展的意见》
	2009年4月，发布了《马鞍山市旅游业奖励暂行办法》
	2012年6月，和县制定《关于进一步加快旅游业发展的意见》
六安	1998年，六安市人民政府出台了《皖西旅游业跨世纪发展意见》
	2000年6月29日，中共寿县县委、县政府出台《加快旅游发展优惠活动办法》
	2005年8月，中共六安市委办公室、市政府办公室联合颁布《六安市国家级红色旅游精品线路建设经营方案》
	2007年12月7日，颁布了《中共六安市委、六安市人民政府关于加快旅游业发展的决定》和《六安市加快旅游业发展三年行动计划》
	2009年3月18日，中共六安市委办公室、六安市人民政府办公室印发了《2009年度全市加快旅游业发展考评方案》
	2011年9月5日，发布《六安市人民政府关于进一步加快发展旅游业的实施意见》
宣城	2001年12月，宣城市政府印发《关于加快全市旅游业发展的意见》
	2004年6月，出台《宣城市旅游定点单位管理办法》
	2005年，出台《宣城市国内旅行社百分制考核标准》
	2011年12月13日，出台《宣城市人民政府关于进一步加快旅游业发展的实施意见》

续表

地区	相关政策与法规
芜湖	2006年，市政府制定了《关于加快芜湖旅游业发展的意见》
	2006年，繁昌县出台了《关于加快旅游业发展的意见》
	2010年1月1日，市旅游局、市财政局发布《关于加快旅游业发展的政策》
黄山	1997年，出台《齐云山风景名胜区管理办法》
	1998年8月20日，黄山市人民政府出台《黄山市一日游管理办法》
	2002年3月15日，《黄山市旅行社管理试行办法》、《黄山市旅行社计划外安排旅游团游览活动管理试行办法》、《黄山市旅行社中介服务佣金管理试行办法》印发
	2002年7月5日，黄山市旅游局印发并实行《黄山市旅行社公告制度》和《黄山市导游人员公示制度》
	2003年3月25日，出台《黄山市古民居保护暂行办法》
	2005年7月15日，黄山市导游服务公司出台《黄山市社会导游管理规定》、《外语导游员黄山陪同工作细则》
	2005年12月20日，黄山区人民政府出台了《农家乐旅游服务质量等级划分地方标准》
	2002年，出台《黄山市关于进一步加快旅游业发展的意见》
	2005年4月18日，《黄山风景区突发环境污染事故应急预案》出台
	2006年，出台《黄山市委、市政府关于加快黄山旅游国际化的决定》
	2006年7月，出台《黄山市委、市政府关于大力发展乡村旅游的若干意见》
	2006年4月17日，中共黄山区委、黄山区人民政府发布《关于加快推进旅游产业转型升级的若干意见》
	2006年10月8日，《黄山风景区文物保护暂行规定》出台
	2006年10月17日，由黄山市质量技术监督局和旅游部门，共同组织编制的地方标准《农家乐（乡村酒店）旅游服务质量等级的划分与评定》正式发布实施
	2006年12月4日，出台《中共黄山市委、黄山市人民政府关于强力推进旅游国际化 迅速掀起黄山旅游发展第三次高潮的决定》

续表

地区	相关政策与法规
黄山	2007年5月9日，黟县旅委发布《关于进一步加快黟县旅游业发展的决定》
	2007年9月，全国首个旅游专业村地方标准——《黄山市旅游专业村地方标准》正式发布
	2007年9月10日，中共黄山市委、黄山市人民政府下发《关于推进文化与旅游深度结合 加快文化旅游业发展的若干意见》
	2008年3月18日，谭家桥镇人民政府下发《关于加快谭家桥镇旅游发展工作意见》
	2009年，出台《黄山市“百村千幢”古民居保护利用工程实施方案》
	2010年6月6日，下发《关于印发〈黄山市百佳摄影点〉的通知》
	2011年4月8日，黄山市国家税务局发布《关于支持和促进全市旅游业加快发展的实施意见的公告》
	2012年4月，徽州区正式下发了《关于加快发展旅游业的实施意见》
淮北	2002年5月，淮北市人民政府发布实施《关于加快我市旅游业发展的若干意见》
	2013年2月，淮北市人民政府出台了《关于进一步加快发展旅游业的实施意见》
淮南	2006年1月23日，中共淮南市委和淮南市人民政府联合下发《关于加快旅游业发展的若干意见》
宿州	2007年9月14日，市政府办发布了《关于加快我市A级旅游景区创建工作的意见》
滁州	2003年9月，滁州市政府下发了《关于加快琅琊山核心旅游区建设的通知》
	2005年7月12日，《中共滁州市委、滁州市人民政府关于实施东向发展战略 加快奋力崛起的决定》发布
	2007年9月7日，《中共滁州市委、滁州市人民政府关于进一步深化滁宁合作的意见》
	2010年9月19日，中共滁州市委、滁州市人民政府下发《关于加快发展旅游业的意见》

续表

地区	相关政策与法规
合肥	1998 年 7 月 14 日，合肥市政府颁布《关于加快旅游业发展的决定》
	1998 年 7 月 16 日，合肥市政府印发《合肥市旅游业管理办法》
	2002 年 12 月 4 日，合肥市政府下发《关于进一步加快旅游业发展的意见》
	2003 年 7 月 1 日，合肥市旅游局、财政局联合印发《合肥市旅游宣传促销奖励暂行办法》
	2006 年 8 月 11 日，《合肥市乡村旅游示范点服务标准（试行）》出台
	2007 年 4 月 11 日，肥东县政府出台《关于加快旅游业发展的决定》
	2007 年 8 月 6 日，合肥市旅游局与合肥市质量技术监督所联合发布《“农家乐”旅游服务质量等级评定标准》
	2008 年 1 月 21 日，中共合肥市委办公厅、合肥市人民政府办公厅《关于进一步加快合肥旅游业发展的意见》
	2008 年 2 月 15 日，《中共长丰县委、长丰县人民政府关于加快旅游业发展的意见》
	2008 年 5 月 7 日，合肥市人民政府办公厅印发《合肥市加快旅游业发展三年行动计划》
铜陵	2003 年 7 月 23 日，《铜陵市人民政府关于鼓励投资开发旅游业的若干意见》出台
	2004 年 7 月 9 日，铜陵市旅游局出台《关于鼓励旅游企事业单位招商引资的若干意见（试行）》
	2006 年 9 月 15 日，铜陵市政府出台《关于进一步加快服务业发展的若干政策意见》
	2007 年 1 月 17 日，中共铜陵市委、铜陵市人民政府出台《关于加快生态山水铜都建设的决定》
阜阳	2009 年 6 月，《中共颍上县委、颍上县人民政府关于进一步加快旅游业发展的意见》（颍发[2009]9 号）文件出台，高规格的“颍上县旅游发展指导委员会”同时宣告成立，政府主导旅游产业发展思路明确、措施得力，“转型、提高、发展”的关键词也成为贯彻始终的主线

续表

地区	相关政策与法规
巢湖	2007年6月15日，颁布《中共巢湖市委、巢湖市人民政府关于加快建设休闲度假旅游目的地的决定》
	2007年6月，巢湖市出台《巢湖市2007年旅游地接奖励办法》
	2010年7月28日，公布《中共巢湖市委 巢湖市人民政府关于加快推进皖江城市带承接产业转移示范区建设的若干政策措施的意见》

第四节　安徽省旅游管理发展的方向

一、安徽省旅游管理存在的问题

（一）旅游各行业管理力度不均衡

通过对安徽省旅游管理政策法规的梳理，不难发现，无论是在政策扶持方面，还是在行业法律法规建设方面，目前安徽省在很大程度上集中于旅行社业、旅游饭店业和旅游景区业。然而，对于发展前景广阔的旅游购物业、旅游娱乐业等的管理力度不足、重视程度不够，有关这些行业的法律法规建设很匮乏，有些甚至还属空白。行业间管理不均衡、重视程度存在重大差异的状况，不利于全省旅游产业结构的优化升级和全行业的健康均衡发展。

（二）旅游行政管理的专业化有待加强

长期以来，我国旅游业一直是政府主导的产业，旅游事务的管理主要由各级旅游行政机构负责，同样，安徽省也是如此。目前安徽全省16个城市均设立旅游局，105个县（市、区）中95个设立了旅游局，管理各自旅游事务。虽然这种方式存在一定的优势，但是，随着旅游业的迅速发展，旅游市场需求逐渐趋向多样化，这种行政管理方式会在某种程度上不适应旅游业未来发展需要。截至2010年，安徽省仅有黄山市和池州市两个城市在旅游局的基础上成立了旅游委员会，由旅游行政机构人员与行业专家、学者等一同管理研究旅游发展。在政府主导旅游发展的基础上，注入了更多旅游行业专业化的管理，同时促进了旅游行政管理的专业化和科学化。

（三）旅游行业的法律法规体系尚不健全

纵观安徽省目前旅游业法律法规建设情况，虽然这些年取得了很大进步，但是必须清醒地认识到，仍然存在着法制建设相对滞后于旅游业发展的现实。自2005年《安徽省旅游条例》出台至今已有8年之久，旅游行业发展迈进了新的台阶，旅游市场也出现了许多新的变化，但是安徽省在旅游地方法规健全和跟进方面却做得不足。另外，从安徽省各行业法规建设方面看，旅行社行业法规较其他行业健全，在导游、诚信经营、等级划分、门市部管理等各个方面都有所涉及；旅游饭店业、旅游景区业及旅游交通业行业法规建设则较滞后，安徽省地方性法规较少；旅游购物业和娱乐业的法律法规建设更是滞后，行业地方性法规几乎空白。这样的法律法规现状确实不符合旅游业发展的现实需要，不利于安徽省旅游业的健康有序发展和旅游强省的建设。

（四）旅游行业组织的政会合一较严重

行业组织在旅游行业管理上同样扮演着不可或缺的角色，是政府与企业之间、企业与旅游者之间重要的纽带和沟通桥梁。安徽省的行业组织得到了很大发展，省旅游协会在旅游业管理中发挥着越来越重要的作用，全省多数城市成立了旅游协会和相关行业组织。但是，目前安徽省许多行业组织仍然采用政会合一的组织方式，不少协会的重要领导同时又是旅游行政机构的领导，这样的方式势必影响旅游协会在政府与企业之间的沟通作用，不利于发挥旅游行业组织对于行政机构管理的监督。

二、安徽省旅游管理优化的方向

（一）平衡旅游各行业管理力度

为了更好地顺应安徽省旅游产业结构优化升级，各行业齐头并进、均衡发展，必须着力扭转旅游行业政策倾向不平衡的现象，充分发挥各行业的集聚合力，共同为旅游强省建设贡献力量。虽然旅行社、旅游景区、旅游饭店是目前旅游业的重要部分，在政策支持和管理方面有所侧重有其合理之处，但是这并不意味着可以忽略旅游购物、娱乐等其他方面的政策和法规建设。旅游购物、旅游娱乐同样是旅游者旅游活动中不可或缺的重要环节，并且随着体验经济的到来，这些行业必将展现出更大的生机和活力。因此，今后安徽省在旅游管理方面应该注意向旅游购物、娱乐等方面的倾斜，加大这些行业的政策支持，完善法规体系，健全行业组织，促进这些行业和全省旅游业的持续、健康、有序发展。

（二）增强旅游行政管理的专业化

我国旅游业是由外事接待逐渐发展起来的，这样的特殊情况决定了旅游业发展首先要由政府主导。但是，迄今为止，旅游业已经经历了三十多年的发展，逐渐展现出一些新的特点和问题，应该在旅游管理方面作一些适时调整，其中增加行政管理的专业化指导就是重要的一方面。同样，安徽省作为我国旅游资源丰富的省份也应如此，并且已经出现一些转变，例如：成立旅游发展指导委员会，并且增加委员会成员中专业人士的比重，真正做到行政与专业的结合，提高行政管理的科学性和专业性；增强旅游行政机构人员的专业化培训，提高人员的专业素养；增加旅游行政机构与旅游高校合作，共同促进，共赢发展。

（三）健全旅游行业法律法规体系

目前安徽省旅游法规体系，从宏观上看还不健全，多数主要参考国家的相关法规，安徽省地方性旅游法规较少；从旅游各行业看，不仅正式的行业法律法规缺乏，而且行业间的法规建设不平衡。针对这样的现状，安徽省在未来的旅游管理工作中，首先应该努力健全全省旅游法规体系，在全国旅游法规建设的引导下，从全省旅游业现状出发，建立健全地方性法规，并注意随旅游业的不断发展，对现有法规进行及时的跟进和修改；各行业法规建设平衡进行，不能厚此薄彼，在全国和全省旅游法规的指导下，根据各行业特点，建设行业法规和行业规范。通过各个层次法律法规的不断完善，使得全省旅游业发展有法可依，真正走好依法治旅的道路。

（四）努力实现旅游行业组织的政会脱钩

目前，安徽省旅游行业组织主要采用政会合一的组织方式，很大程度上影响了行业组织纽带作用的发挥，同时也不符合目前旅游业发展新形势的需要。今后安徽省旅游行业组织应积极响应国家 5 年内旅游协会与旅游行政主管部门脱钩的号召，逐步改革政会合一的发展体制，加快培育发展旅游行业组织体系，大力开辟旅游市场发展和管理的新模式。一方面，增强政府部门对行业协会工作的指导和引导；另一方面，增强旅游行业组织对旅游管理的参与度和对政府工作的监督力度。总之，实施政府部门和行业协会组织两个轮子一起转，两股力量一起上，共同优化旅游管理，共同促进安徽省旅游业的快速健康发展。

第九章　安徽旅游的展望

20 世纪，旅游活动的增加成为一个非常突出的经济和社会现象。国际旅游人数呈现出一种快速稳定的增长态势。1950 年国际旅游人数仅 2500 万人次，到了 2010 年剧增至 9.35 亿人次，年均增长速度高达 7.51%。在国际旅游飞速发展的时期，新兴旅游市场异军突起，使得整个国际旅游市场的格局开始发生变化。安徽省入境旅游人数从 1979 年的 3428 人增至 2010 年的 1984174 人，年均增长速度达到 22.78%，远高于世界 7.51% 的年均增长速度，安徽旅游业的发展达到了一个前所未有的高度。

第一节　安徽旅游发展面临的机遇

一、国民经济持续快速健康发展

1978～2011 年，中国 GDP 由 3645.2 亿元增长到 472881.6 亿元，年均增长 15.89%，实现了同期全球最快增长。经济持续快速的增长显著地提高了国家经济实力，极大地改善了居民生活。2011 年，我国人均 GDP 达到 35181 元，城镇居民人均可支配收入达到 21809.8 元，农村居民人均纯收入达到 6997.3 元。“十二五”期间，我国国内生产总值年均增长速度仍将保持 8%左右，综合国力将进一步提高。经济体制改革的深化、对外开放的发展、经济社会的全面进步、产业结构的升级、可支配收入的增加、闲暇时间的增多，都将推动旅游业的大发展。中国是世界上最具魅力的旅游目的地国和最具潜力的旅游投资地。中国政治稳定、经济持续快速发展以及政府所实施的一系列重大举措，将强化中国作为最安全的旅游目的地和最具潜力投资地的形象。

二、全面建设小康社会所带来的机遇

我国"现在达到的小康还是低水平的、不全面的、发展很不平衡的小康"，但就是在这种小康水平下，已经形成了全世界规模最大的国内旅游市场和发展最快的出境旅游客源市场。全面建设小康社会，意味着我国十几亿人民将向更高水平的小康社会阔步迈进，旅游需求必然会随之不断增长，旅游消费成为小康的标志和特征之一。而且在坚持以人为本，全面、协调、可持续的科学发展观的引领下，作为人本需求之一的旅游需求将得到更大的释放。我们有理由相信，在2020年到来之时，中国经济将更加发展，民主将更加健全，科教将更加进步，文化将更加繁荣，社会将更加和谐，人民将更加富足，旅游将更加成熟，全体中国人民将享受到更高水平的小康生活。

三、旅游业被确立为国民经济战略性支柱产业

《国务院关于加快发展旅游业的意见》(国发〔2009〕41号，下文简称《意见》)指出：旅游业是战略性产业，资源消耗低，带动系数大，就业机会多，综合效益好。《意见》要求，进一步解放思想，深化改革开放，加强统筹协调，转变发展方式，提升发展质量，把旅游业培育成国民经济的战略性支柱产业和人民群众更加满意的现代服务业。可以预见，从发展战略的角度出发，在"十二五"以及更长时期，国家对旅游业的重视程度会更加提升，旅游业将迎来新的跨越式发展阶段。

四、国民旅游休闲纲要出台

《国务院关于加快发展旅游业的意见》(国发〔2009〕41号)中明确提出要制定"国民旅游休闲纲要"。2013年2月2日，国务院办公厅印发了《国民旅游休闲纲要(2013～2020年)》(下文简称《纲要》)。《纲要》提出：到2020年，职工带薪年休假制度基本得到落实，城乡居民旅游休闲消费水平大幅增长，健康、文明、环保的旅游休闲理念成为全社会的共识，国民旅游休闲质量显著提高，与小康社会相适应

的现代国民旅游休闲体系基本建成。

五、安徽省新一轮旅游业将全面进入高铁时代

“十二五”期间，安徽省的大交通格局将进一步发生重大变化，高速公路网将更加完善。尤其是随着10条高铁的陆续开工建设，安徽将全面进入“高铁时代”。已经建成的合宁、合武、京沪、合蚌高铁，正在建设中的宁安、合福高铁，即将开工建设的商杭、郑徐、黄杭高铁，还有规划建设的合安高铁……十条高铁将在“十二五”期间陆续建成。预计到“十二五”末，全省快速客运铁路的总里程将达到2000公里左右。届时，合肥到六安、巢湖、淮南、蚌埠、铜陵仅需不到0.5小时，合肥到南京、黄山仅需1小时，合肥到武汉、上海、杭州、徐州仅需2小时，合肥到北京、福州仅需3个多小时……高铁时代的到来，将极大拓展安徽旅游客源市场，优化客源结构，提升安徽在全国旅游发展格局中的地位，促进更大层面的区域旅游合作。

六、安徽省正加速推进中国旅游经济强省建设

《安徽省人民政府关于进一步加快发展旅游业的实施意见》（皖政[2011]33号）指出，安徽省“十二五”旅游业的发展目标是：力争经过5年左右的发展，全省旅游接待总量和旅游总收入等综合指标进入中部领先、全国前10位，基本建成旅游强省和全国一流旅游目的地。另外，《意见》还明确了将在体制机制、区域协调、旅游市场主体培育、重点旅游项目建设、旅游市场营销、旅游基础设施建设等方面重点支持旅游业的发展。

第二节　安徽旅游发展面临的压力与挑战

一、城市旅游功能不够完善

安徽省旅游业长期以来一直依托黄山、西递、宏村、方特、九华

山、天柱山等著名旅游景区来吸引游客，带动发展“大旅游”，城市自身的旅游功能没有得到有效培育，只是发挥了景区的辅助配套功能，没有形成特色鲜明的城市旅游目的地，城市旅游缺乏吸引力。由于城市旅游产品不完善，旅游服务功能不配套，导致旅游季节性明显、游客逗留时间短、整体竞争力不够强、旅游发展空间的面状延伸不够大等问题，影响了全省旅游经济效益的提高。[①]

二、旅游的国际化水平较低

目前，安徽旅游的国际化水平还比较低。一是入境游客比重较低，2011 年安徽省接待入境旅游总人数 262.87 万人次，占旅游总接待人数的 1.15%，远低于同年全国平均水平 4.86%。二是境外旅游企业入驻较少，尤其是缺少境外著名旅行社和酒店管理集团等。三是安徽的几个机场对外直航航线较少。四是旅游人才队伍国际化水平偏低，缺少小语种导游等国际化旅游人才。五是设施国际化水平较低，没有达到国际标准要求。因此，未来一段时期，安徽应采取有力措施，着力提高全省旅游的国际化水平。

三、旅游客源类型结构单一

目前，安徽省接待的游客主要是以观光游客为主，休闲度假、商务会议等类型的旅游者比重较低，旅游客源类型结构比较单一。观光游客往往具有逗留时间短、旅游消费水平低等特点，不利于全省整体旅游经济效益的提高和旅游新业态的发展，尤其是不利于城市休闲旅游产品的发展。未来一段时期，安徽应着力于旅游业的转型升级，提升旅游产品品质，进一步优化旅游客源结构，实现安徽旅游业由数量型增长向效益型发展转变。

四、旅游发展动力亟待转型

旅游业是一个依托性很强的产业，按照一般规律，一个区域的旅

① 黄山市旅游委员会：《黄山市“十二五”旅游发展规划》，2010 年。

游产业发展在经历了重点景区带动发展的阶段以后，将逐步走向由中心城市带动提升旅游发展内涵的新阶段。因此，未来安徽旅游业的发展将更加依托中心城市功能的提升来带动，需要区域经济整体水平的提升来实现旅游业的跨越式发展。因此，在景区带动机制乏力的情况下，需要创新全省旅游发展的模式，通过城市的发展为安徽旅游业的发展注入新的动力。

五、文化旅游融合有待加强

安徽拥有博大精深的文化资源，然而，多年以来，文化与旅游的深度融合不够。第一，文化资源整体利用不足，产品体系不够完善；第二，现有产品主要以传统文化观光旅游为主，参与性旅游产品开发不足；第三，旅游接待人数和旅游收入与丰富的文化旅游资源不相称；第四，缺乏大型的表现安徽文化的项目和旅游产品，安徽文化没有在市场上形成强大的震撼力；第五，以文化旅游区的点状开发为主，区域联动力度匮乏；第六，安徽文化的现代理念提炼不足，没有形成明显的安徽文化市场特征，导致市场对安徽文化的认知度不高。安徽旅游业的发展，离不开文化的深度挖掘和文化旅游资源产品化，因此，需要加大文化创意的力度，大力发展文化创意产业，促进文化旅游的发展。

六、旅游企业的竞争力不强

旅游产业链的重要环节在于核心旅游企业。具有规模、管理、品牌、竞争优势的旅游集团，可以成为推动发展安徽“大旅游”的重要引擎。安徽旅游业目前存在旅游企业资本化程度低、融资渠道单一、市场创新能力弱、企业产业形式单一和抗风险能力不强等问题，因此组建大型旅游企业集团势在必行。未来一段时期，要克服组建旅游集团所面临的困难和挑战，推进全省旅游产业的集团化发展。

七、旅游人才队伍建设乏力

根据《2010 年安徽省旅游人才调查报告》，目前安徽旅游人才队伍建设主要存在以下问题：一是旅游新业态人才缺乏，不能满足市场的需要。总体来说，安徽旅游人才主要还是在传统的旅游部门就业，包括旅行社、星级酒店、旅游景区、旅游行政管理部门等，适应当前蓬勃发展的旅游新业态经营、管理、策划、服务的人才比较缺乏。二是旅游人才学历层次偏低。总体看来，全省旅游人才以大专学历为主，本科以上学历较少。三是旅游的支撑行业（即为旅游业服务的行业）人才不足，大多数旅游人才主要集中在直接为旅游者服务的行业和部门。四是旅游人才职称层次较低，以未评定等级人员为主，高级职称人员较少；同时，从技能等级看，以初级工和中级工为主，高级工、技师、高级技师人员较少。五是旅游人才学科背景广泛，专业性不够强。六是旅游人才中，掌握外语的人数较少，仅有1/3，而且大多数都是掌握英语，除此之外的其他小语种人才非常少。因此，从安徽旅游业未来长远发展和外向发展的需要角度来看，应该加大对外语旅游人才的培训力度，尤其是注重培养那些已经成为安徽主要客源市场的小语种人才。

八、外部竞争将进一步加剧

在国家支持旅游业发展的战略背景下，在转变增长方式、培育新兴产业的发展要求下，各省、区、市都在大力发展旅游业。中部六省均把旅游业作为“十二五”期间的发展重点，虽然旅游资源各具特色，但在客源市场上与安徽重合度高，同样受益于交通基础设施提升等重大机遇，都在转变旅游发展方式，加强旅游资源整合，培育多元化旅游产品，创新发展体制和机制，加快从旅游大省向旅游强省的跨越。长三角城市群、大武汉城市圈等安徽重点客源市场，依托强大的经济实力，将国际化、城市化、后工业化与旅游发展有机融合，旅游投资规模不断加大，旅游产品更新和旅游服务创新速度不断加快，以迪士尼乐园、台儿庄运河古城、大同古城、欢乐谷等为代表的一批重大旅游项目正在推进，为居民的本地休闲和近距离度假创造条件，为中长距离游客提供更多、更好的吸引物，这对安徽保持和扩大这些地区的旅游客源以及形成旅游分工格局构成了巨大压力。此外，国际金融危机对全球经济的影响非常深远，目前虽然有复苏的迹象，但是何时全面恢复增长仍然存在不确定性，这对安徽海外旅游市场的开拓构成巨大压力。这意味着在“十二五”期间，安徽旅游业将面临“不进则退、不快则退、不好则退”的激烈竞争局面。这种竞争既存在于客源市场层面，也存在于旅游投资层面，既存在于利用外部资源层面，也存在于留住内部资源层面，将影响安徽旅游业在区域分工中的地位。

九、产业转型升级压力巨大

“十二五”期间，是我国加快转变经济发展方式、务求取得实质性进展的关键时期。当前，安徽旅游产业发展中涉及的价格、财税、金融、投资、行政管理体制等方面的改革还不到位，一定程度上制约了旅游经济发展方式的转变。全省旅游产业发展中不平衡、不协调、不可持续的问题依然比较突出，影响整体旅游发展水平的提高。因此，整体产业转型升级是安徽旅游业“十二五”期间发展的重点。在继续保持游客总量快速增长、进一步做大产业规模的同时，如何推进产业发展方式转变，提升发展质量、效益和水平，全面加快旅游产业优化结构、转型升级和提质增效，是全省旅游业在“十二五”期间面临的全新挑战。

十、旅游发展的矛盾突出

思想认识不到位、产业结构不优化、市场主体不强壮、管理体制不顺畅等影响安徽旅游发展的问题和短板，与培育战略性支柱产业和现代服务业的要求，与人民群众不断增长和趋于多元化的旅游消费需求，与日新月异的旅游产品创新和日益激烈的旅游市场竞争，与边界更加模糊、整合更加深入的包容型、融合型发展格局之间的矛盾，将构成“十二五”时期安徽旅游业发展的主要矛盾，需要在发展中予以解决。要充分认识到，作为一个多功能、综合性产业，旅游业发展既是经济问题，也是民生问题，既是发展问题，也是和谐问题。“十二五”是安徽旅游业面对新机遇、实施新突破、实现新跨越的黄金发展期，也是解决深层矛盾和问题、应对诸多挑战的关键阶段，必须抢抓机遇，坚定信心，正视差距，应对挑战，通过优化存量，创造增量，突破“瓶颈”因素，站在新的历史起点上，以更宽的视野、更大的决心、更有力的举措，加快旅游强省建设步伐，在全国旅游分工格局中争取有利地位，在安徽全面转型、加速崛起、兴皖富民的战略进程中作出贡献。

第三节　安徽旅游发展的前景

一、旅游资源得天独厚

安徽省山川秀美、历史悠久、文化璀璨，漫长的历史和辽阔的国土形成了无比丰厚的旅游资源。目前，全省拥有世界遗产 3 项、世界地质公园 2 家、国家自然与文化双遗产 2 项、国家级风景名胜区 10 处、国家地质公园 11 处、国家自然保护区 7 处、国家森林公园 30 处、国家水利风景区 25 处、国家湿地公园 12 处、国家城市湿地公园 2 处、国家矿山公园 3 处、国家重点公园 1 处、国家历史文化名城 5 个、中国优秀旅游城市 10 个、国家历史文化名镇（村）17 个、中国历史文化名街 4 条、国家重点文物保护单位 129 处、全国工农业旅游示范点 67 家、全国红色旅游经典景区 6 处、国家级非物质文化遗产 56 项。另外，还有省级风景名胜区 30 处、省级地质公园 6 处、省级森林公园 34 处、省级自然保护区 30 处、省级森林旅游人家 205 处、省级历史文化名城 9 座、省级历史文化名镇 10 个、省级历史文化名村 19 个、省级历史文化街区 2 个、省级重点文物保护单位 628 个、省级非物质文化遗产 260 项。各具特色的风土人情、多姿多彩的城市风光、雄伟壮观的建设工程等，为旅游业的发展提供了得天独厚的条件和基础。

二、旅游市场潜力巨大

人民富裕程度的提高、闲暇时间的增多、可支配收入的增加，将推动国内旅游需求以更快的速度增长。我国是世界上第一人口大国，有着世界上其他任何国家无法比拟的国内旅游客源市场。2008 年 1 月 1 日，新的国家法定节假日放假办法公布，中国公民所能享受的法定休息日的总量为 115 天，增加了假日的次数，节假日的分布也更加合理，居民休闲旅游的机会越来越多。我国居民消费结构正面临升级，人们开始追求发展型和享受型的消费产品。2010 年，我国城镇居民家庭恩格尔系数已经下降至 35.7%。这样的恩格尔系数水平已经达到居民消费结构升级的临界点，居民消费结构不可避免地向发展型和享受型转变。由于旅游活动包含了愉悦身心、体现身份、增加阅历等功能在内，既是人们的发展资料，又是人们的享受资料，也是物质生活和文化生活的集中体现，因此旅游消费正成为人们生活中的重要组成部分。

三、旅游产业规模庞大

安徽省的旅游产业规模不断扩大。截至 2011 年底，全省共有旅行社 1057 家、星级酒店 462 家；全省共有旅游院校 77 所，在校生 91513 人，高等院校 57 所，在校学生 62834 人；2011 年底，安徽省旅游业从业人数星级酒店 43033 人、旅行社 9217 人、旅游景区 3590 人。庞大的产业规模为旅游业健康有序的发展提供了良好的保障条件。

四、旅游发展前景看好

根据《安徽省旅游业发展“十二五”规划》，到 2015 年，全省接待入境游客达到 500 万人次，年均增长 23.5%；旅游总收入达到 3000 亿元，年均增长 24.5%；旅游总收入相当于全省 GDP 的比重力争达到 12%以上；旅游直接就业 100 万人，带动城乡间接就业 500 万人；全省 A 级旅游景区达到 500 家，其中 4A 级以上景区 150 家；旅行社 1100 家，星级酒店 650 家，旅游商品生产示范企业 100 家；旅游强县 50 个，最佳旅游乡镇 300 个，星级农家乐 800 个；力争培育 10 个年营业收入超 20 亿元以上的旅游集团，其中有 2～3 个年营业收入达到 30 亿～50 亿元；全省投资额在 5 亿元以上的旅游项目达到 200 个以上，投资总额达到 3000 亿元以上。

第四节　安徽旅游发展的趋势

一、信息化

旅游企业信息化是指各种类型旅游企业在其办公流程、业务开发、市场营销、产品销售、经营管理、决策分析等各方面全面应用信息技术，建设信息网络和信息系统，通过对信息和知识资源的有效开发利用，调整和重组企业组织结构与业务模式，服务企业发展目标，提高企业综合竞争能力。截至 2012 年底，中国互联网用户总数达到 5.64 亿，互联网普及率为 42.1%，中国是世界上网民最多的国家。中国是世界上信息通信业发展最快的国家之一。旅游企业加强信息化建设，一方面可以改善旅游企业内部管理，提高决策水平，提高经济效益；另一方面，信息化建设对旅游企业的业务流程优化，组织结构调整，实现旅游企业向知识密集化、组织网络化、管理柔性化的结构转型都有重要意义。

二、现代化

现代化管理是按照现代化生产技术规律和生产经营管理规律的客观要求，运用现代化自然科学和社会科学的新成果，实现有效管理的手段和方法。旅游企业管理现代化的基本内容有管理思想现代化、管理组织现代化、管理方法科学化及管理手段现代化。推行现代化管理就要做好这四项工作，紧紧围绕提高产品质量、开发产品、降低消耗、节约资金、提高效率和效益，有重点地选择一批适用面广，而且经过实践证明是行之有效的现代化管理方法，加以推广应用。目前，许多旅游企业对新形势下“企业现代化”丰富的内涵认识不足，把提高企业机械化、自动化水平，增加产品技术含量和附加值等硬指标作为审视企业现代化的唯一标准，而对那些如企业文化、企业经营方略、企业管理、法制观念、环保意识等软指标没有足够的重视，或者将这些本来应该日积月累、长期坚持的工作以短期行为的态度对待，这些都是亟需改正的。

三、集约化

旅游企业的集约化就是把企业看成一个复杂系统，并通过适当的组织管理来取得最优的经营绩效。集约化有外延型集约化和内涵型集约化两种基本形式。外延型集约化又包括纵向集约化与横向集约化。纵向集约化就是企业把产品更进一步推向市场，可以站在市场的前端，或者把原料延伸。横向集约化就是生产和现有产品类似或者接近的产品。更重要的是内涵型的集约化，它是指通过合理组织各种业务流程来提高效率、降低成本、加快进度、改善质量，实际上它是对企业系统重新进行综合集成。安徽旅游企业实现集约化的道路应当是按照企业重建的原理，结合自身特点重组业务流程，并运用企业资源计划和供应链管理等技术实现内涵型及外延型集约化。

四、区域化

区域旅游合作是在合作区域内，围绕着旅游者的空间流动，合作各方采取各种措施促进资本、劳动力、物资和信息等生产要素的空间流动和优化配置，最终实现经济效益、社会效益和环境效益最优的一种战略选择。从我国旅游发展的历史来看，早在20世纪80年代中期就形成了区域旅游的概念、提出了区域旅游发展的战略，但是由于交通条件、行政区划和市场分割等的限制，　直都没有很好地进行实质性的区域合作。随着经济全球化和区域经济一体化的发展，实行区域旅游合作已成为旅游业发展的必然要求。安徽省区域旅游合作有着美好的前景，并且已经取得了一定的成果，如联合促销、高速交通网络的对接、区域内无障碍旅游的实现等。但是，从各合作区的合作协议内容和实施效果来看，还存在一些问题，有待进一步推进，以便形成资源共用、市场共拓、品牌共树、利益共享的良好局面。

五、集团化

旅游企业的集团化是建立在组建大型旅游集团基础之上的。旅游集团是旅游企业为拓展经营业务、增强市场竞争力，通过连锁经营、委托管理、特许经营和战略联盟等运营方式而形成的，是以产权为主要联结纽带、以协议为补充纽带的企业联合组织。旅游企业的集团化是符合交易成本、规模经济等经济学理论所揭示的经济规律的，在横向一体化避免过度市场竞争、纵向一体化增加产品组合、降低采购成本、扩大市场营销等方面，具有单体旅游企业无可比拟的优越性。集团化经营，以规模求效益是适应旅游业社会分工、专业化协作、网络化连锁式服务走向的一种必然趋势。目前，安徽旅游企业的集团化进程明显加快，黄山旅游集团、九华山旅游集团、天柱山旅游集团、安徽旅游集团等旅游企业在集团化进程中纷纷实施重大举措，引起了行业的关注，但总体来说这些旅游企业集团化程度还不够，有待进一步提高。

六、网络化

旅游企业的网络化经营是指产业内的相关企业从长远利益出发，为了适应新的、复杂的、变化的竞争环境而形成的一种集战略、组织结构、管理过程协作于一体的制度安排，是一种界于企业与市场之间的中间性组织。这种新的组织形式的形成是竞争变化所引起的，其主要成分和组织结构可以根据复杂的竞争环境灵活地和不断地进行安排和重新组合，即旅游企业网络是一种动态的组织体制。在网络组织里，市场和企业不是相互对立的，而是相互联结、相互渗透的，而这种由相互联结和相互渗透导致的企业间复杂的网络结构和丰富多样的制度安排是一种“象拟企业的市场”或“象拟市场的企业”的中间性组织，这种中间性组织实现了“看不见的手”和“看得见的手”之间的“握手”。

七、国际化

旅游企业国际化是指立足于引导、开发直至满足世界旅游客源需求，通过在海外设立分支机构、与国际旅游企业集团合作等多种方式，实现跨国界经营，达到旅游资源要素在全球范围内的优化配置，包括景区景点国际化、市场营销国际化、资本经营国际化、人才战略国际化、经营管理国际化和信息技术国际化等。旅游企业国际化，要对各种所有制企业一视同仁，破除行业进入限制和地区壁垒，具有与国际接轨的政府管理水平，采用国际先进的科学技术，与国际旅游业发展潮流同步，紧跟国际客源市场动向，使之具有国际影响和国际地位。对于一个旅游区而言，旅游企业国际化最重要的就是要创造适宜于国内外游客的最佳旅游环境，特别是让国外游客都觉得十分方便和舒畅，打造国际一流的旅游目的地。

八、品牌化

旅游企业品牌化的内涵，可以从三个方面来看：首先，它是使旅游企业形成独一无二的品牌识别和品牌特色，以便与竞争对手及其提供的产品与服务区别开来的过程；其次，这个过程是一种市场行为，这种市场行为支持可以识别和差异化旅游企业的名字、符号、标识语、文字标志或者其他说明图表，传递与该旅游企业唯一相关的难忘的旅游体验承诺，巩固和强化对该旅游企业愉悦记忆的回忆；再次，所有这些行为的目的就是要树立可以影响消费者旅行决策的旅游形象，最终改变消费者的行为，使更多旅游者前来消费。品牌化包括所有支持标识语的市场行为过程，它包括标识语的形成、标识语的感知、标识语在人们心目中创立的形象、品牌联想的体验、品牌引起的行为变化等。

参考文献

1. 安徽省旅游局．安徽省旅游业发展“十二五”规划[R]，2011

2. 李经龙．品牌旅游资源与开发[M]．合肥：安徽大学出版社，2010

3. 李经龙，郑淑婧．中国品牌旅游资源空间对比分析[J]．旅游管理，2005，7：28～32

4. 李经龙，郑淑婧．中国品牌旅游资源空间布局研究[J]．资源科学，2006，28（1）：174～179

5. 李经龙，张小林，郑淑婧．试论中国品牌旅游资源的发展[J]．现代经济探讨，2006，7：42～46

6. 李经龙，张小林，郑淑婧．试论世界遗产的出路[J]．旅游学刊，2006，21（9）：86～91

7. 李经龙，马海波，柳丹．城市旅游与旅游城市的深化发展[J]．地理与地理信息科学，2007，23（6）：108～111

8. 李经龙．安徽旅游市场分析[J]．安徽师范大学学报（自然科学版），2002，25（4）：382～387

9. 宣国富，陆林，章锦河．安徽省海外旅游客源市场分析[J]．安徽师范大学学报（自然科学版），2001，24（3）：302～306

10. （英）威廉姆斯，巴斯韦尔著，戴斌，依邵华译．旅游与休闲业服务质量[M]．天津：南开大学出版社，2004

11. 何宗奎主编．安徽省志 43（旅游志）[Z]．北京：方志出版社，1999

12. 国家旅游局政策法规司．旅游抽样调查资料 2012[Z]．北京：中国旅游出版社，2012

13. 中华人民共和国国家旅游局．中国旅游统计年鉴 2012[Z]．北

京：中国旅游出版社，2012

14. 安徽省统计局．安徽统计年鉴 2012[Z]．北京：中国统计出版社，2012

15. 江山．贯彻科学发展观 大力推进安徽休闲度假[J]．旅游调研，2008，2

16. 乔红娟，吕淑梅．土特产品需品牌意识[J]．包装工程，2004，25（2）：176，184

17. 方百寿，张芳芳，侯跃栓．土特产品旅游开发策略探讨[J]．青岛酒店管理职业技术学院学报，2010，2（1）：1～5

18. 邱云生．民间工艺美术品产业发展及对策探讨[J]．经济体制改革，2010，4：178～181

19. 黄宝庆．初探传统工艺美术产业的发展之路[J]．雕塑，2008，3：80～82

20. 耿娟娟．旅游纪念品发展模式的构想[J]．黑龙江对外经贸，2007，7：87～89

21. 沈巧巧．旅游纪念品设计定位的战略研究[J]．新视觉艺术，2010，1：22～23

22. 林瑛琦．大连旅游纪念品文化化的思考[J]．现代商业，2010，3：73～74

23. 王朝辉，王莉．安徽旅行社行业发展问题与对策研究[J]．安徽师范大学学报（自然科学版），2007，30（1）：92～96

24. 余雷，褚群武．安徽省旅行社行业发展的策略研究[J]．巢湖学院学报，2009，11（5）：47～49

25. 康丹．成都旅游餐饮现状与提升策略研究[D]．四川师范大学硕士学位论文，2010

26. 刁宗广，郑嫱婷，张涛．安徽餐饮业现状及发展机遇和趋势[J]．合肥学院学报，2010，27（2）：94～98

27. 李德明，程久苗．黄山市旅游餐饮业发展思考[J]．扬州大学烹饪学报，2004，2：60～63

28. 安杏林．星级饭店财务评价客房出租率和房价的确定[J]．技

术经济，2001，4：61～62

29. 崔冬冬，潘进．浅析中国经济型酒店的发展现状及战略选择[J]．中南财经政法大学研究生学报，2007，6：105～109

30. 吉慧，卢松，祝玲丽等．安徽省旅游交通发展现状、存在问题及对策研究[J]．资源开发与市场，2010，26（7）：645～647，665

31. 汪传雷，谭妮妮．安徽交通运输业与经济发展关系分析[J]．中国储运，2010，11：87～89

32. 俞晓静．安徽省旅游购物市场的开发研究及对策[D]．安徽大学硕士学位论文，2007，10

33. 吕晓燕，赵毅．关于发展“体验旅游购物”的思考[J]．消费经济，2006，22（1）：61～64

34. 张丽萍．浅谈旅游购物环境的构成[J]．湖南工业职业技术学院学报，2008，8（1）：44～45

35. 任运伟．论国内旅游购物业的发展趋势[J]．中国酿造，2008，8：76～77

36. 黄薇薇，沈非．安徽旅游教育发展对策研究[J]．安徽工业大学学报（社会科学版），2004，3（2）：94～95

37. 肖爱连．我国旅游教育发展初探[J]．湖南涉外经济学院学报，2006，4（2）：13～16

38. 袁智敏．从旅游业发展趋势看旅游业人才培养[J]．交流论坛，2010：120～121

39. 孙根年，张孝存．西方各国旅游教育的最新趋势与特征[J]．陕西师范大学继续教育学报，2004，6（2）：123～125

40. 林明太，吴成基．关于当前我国旅游教育发展的几点思考[J]．忻州师范学院学报，2004，6（3）：98～101

41. 卡尔逊·詹金斯，陶莹，刘堂．旅游教育和培训[J]．旅游科学，1999（4）：20～23

42. 陈志学．旅游培训工作面临的新挑战及对策[J]．广西教育，2002，10：28～29

43. 谢永林．永州旅游教育现状与对策初探[J]．中国西部科技，

2011，2：77～78

44. 叶晔，李智勇．森林休闲概念辨析[J]．世界林业研究，2009，22（2）：75～77

45. 陈秋华，郑雁．福建森林休闲度假旅游产品开发研究[J]．林业经济，2010，7：113～116

46. 刘水泉，吴吉林，袁正新．湖南省森林休闲旅游资源的开发与利用[J]．资源开发与市场，2009，25（2）：179～181

47. 乐建军．旅游用品的设计制造及市场开发[J]．科技创业月刊，2006，4：99～100

48. 杨小静．安徽省旅游商品市场的现状及开发对策[J]．现代农业科技，2009，11：253～254

49. 冯万荣．旅游纪念品市场存在的问题及其对策[J]．太原大学学报，2004，5（1）：38～41

50. 刘敦荣．旅游商品学[M]．天津：南开大学出版社，2002

51.《安徽旅游大辞典》编委会．安徽旅游大辞典[Z]．合肥：安徽文艺出版社，2009

52. 韦伟，江山．安徽旅游发展研究报告 2008[C]．合肥：安徽大学出版社，2009

后　记

本人生于改革开放之年，伴随着安徽省旅游业的发展而不断成长。2001 年，为了撰写本科毕业论文《安徽旅游市场分析》，开始涉足安徽旅游的研究工作，至今已有十余载了。十余年来，在家乡情结的驱使下，我时刻关注着安徽旅游业的发展与变化，也时刻全身心地投入到安徽旅游发展的研究之中。

近年来，我先后参与了安徽省政府重大课题《加快安徽旅游经济大发展研究》、安徽省社科规划办项目《基于游客体验的安徽旅游资源分区优化开发战略研究》、安徽省旅游局委托项目《安徽省旅游企业集团发展研究》和《安徽省旅游人才发展研究》、安徽省财政厅委托项目《安徽省旅游发展专项资金使用研究》。同时，还主持了省内的横向旅游项目，譬如《金寨县燕子河大峡谷旅游发展总体规划》、《淮北市龙脊森海文化生态园修建性详细规划》；参与了许多省内的横向旅游项目，譬如《合肥经济圈旅游发展总体规划》、《黄山市乡村旅游发展总体规划》、《黄山市“十二五”旅游发展规划》、《黄山市自驾车旅游服务专项规划》、《黄山市旅游救援系统设计方案》、《中国齐云山生态文化旅游区总体规划》、《黄山市祁门县“闪里古镇”旅游发展总体规划及重要节点景观设计》、《休宁县盐铺村旅游开发总体规划及重要节点景观设计》、《休宁县石屋坑红色旅游区发展总体规划及重要节点景观设计》、《歙县石潭摄影基地旅游发展规划》、《安徽省巢湖市环巢湖旅游度假区旅游发展规划及重大项目策划》、《铜陵市工业旅游发展总体规划》、《六安市舒城县万佛湖旅游度假区“十二五”旅游发展规划》、《万佛湖镇旅游项目策划》、《安庆市龙山凤水文化旅游产业园杨桥项目区概念规划》、《大别山·金寨国防和革命传统教育基地策划》、《长丰县造甲乡半岛度假区概念性旅游发展规划》等。这些研究工作使我积累了大量的有关安徽旅游发展的资料与数据，也使我思考了很多安徽旅游发展的问题与出路，这一切都促使我对安徽旅游发展三十多年的情况作一个梳理和总结。

在这样的背景之下，笔者尝试着组织撰写了本书稿。书稿具体分工如下：第一、二、九章由李经龙编写，第三、四、五章由李经龙、贾姗姗编写，第六、七、八章由李经龙、孟飞编写，最后由李经龙修改定稿。

书稿虽然完成了，但是依然存在一些问题需要特别说明。一方面，2011 年 8 月 21 日，中共安徽省委、安徽省人民政府联合发布了《关于撤销地级巢湖市及部分行政区划调整的实施意见》（皖发〔2011〕19 号），行政区划范围的调整使得安徽旅游的格局发生了不小的变化，给全省旅游市场、旅游经济的深入分析比较带来了较大的麻烦，因为这些数据一时难以剥离；另一方面，2011 年安徽省旅游业的统计口径发生了新的变化，使得许多数据前后失去了可比性。譬如 2010 年全省旅游总收入 1150.6 亿元，相当于 GDP 的比重为 9.38%；“十二五”规划提出，到 2015 年，全省旅游总收入达到 3000 亿元，相当于 GDP 的比重力争达到 12%以上；但是新的统计结果显示，2011 年全省旅游总收入 1891.6 亿元，相当于 GDP 的比重达到 12.5%，已经提前完成了“十二五”规划的目标。所以，书稿的数据分析基本上截止到 2010 年，算是对行政变局之前的安徽旅游业作个总结。

本书的出版得到了南开大学出版社的大力支持，编辑王冰同志付出了辛勤的劳动，在此谨表谢意。另外，本书引用了大量国内外专家、学者的研究成果和资料，在此一并致谢！

李经龙

2013 年 7 月于馨苑雅居